高职院校
教学工作诊断与改进
理论研究、实践案例
汇编

主编 郭 庆 吴 岚

汕头大学出版社

图书在版编目（CIP）数据

高职院校教学工作诊断与改进理论研究、实践案例汇编 / 郭庆，吴岚主编． -- 汕头：汕头大学出版社，2022.6

ISBN 978-7-5658-4712-7

Ⅰ．①高… Ⅱ．①郭… ②吴… Ⅲ．①高等职业教育－教学管理－研究 Ⅳ．① G718.5

中国版本图书馆CIP数据核字（2022）第112781号

高职院校教学工作诊断与改进理论研究、实践案例汇编
GAOZHI YUANXIAO JIAOXUE GOGNZUO ZHENDUAN YU
GAIJIN LILUN YANJIU SHIJIAN ANLI HUIBIAN

主　　编：	郭　庆　吴　岚
责任编辑：	邹　峰
责任技编：	黄东生
封面设计：	周　庆
出版发行：	汕头大学出版社
	广东省汕头市大学路243号汕头大学校园内　邮政编码：515063
电　　话：	0754-82904613
印　　刷：	昆明珵煌印务有限公司
开　　本：	710mm×1000 mm　1/16
印　　张：	15.75
字　　数：	216千字
版　　次：	2022年6月第1版
印　　次：	2022年9月第1次印刷
定　　价：	58.00元

ISBN 978-7-5658-4712-7

版权所有，翻版必究
如发现印装质量问题，请于承印厂联系退还

前　言

为贯彻落实教育部关于建立职业院校教学工作诊断与改进制度的要求，全面提升职业院校治理能力和办学水平，重庆市教委高度重视，2016年成立了重庆市高等职业院校教学工作诊断与改进专家委员会（以下简称"重庆高职诊改专委会"）。在重庆高职诊改专委会审核的基础上，经市教委同意，决定由重庆12所高职院校开展教学诊断与改进工作（以下简称"诊改"）试点，以不断提高人才培养质量。截至2020年12月上旬，重庆市完成了7所学校的现场复核工作。

在教育部、全国职业院校教学工作诊断与改进专家委员会（以下简称"全国诊改专委会"）的指导下，在重庆市教委领导下，重庆高职诊改专委会以习近平总书记关于职业教育论述为指引，认真落实《国家职业教育改革实施方案》《职业教育提质培优行动计划2020—2023》，全面推进重庆高职院校诊改工作，助推重庆职业教育高质量发展。

重庆高职诊改专委会秘书处积极邀请全国专家到渝开展专题讲座、调研指导活动，提高重庆高等职业院校人才培养工作质量保证主体的责任意识，建立常态化内部质量保证体系和可持续的诊断与改进工作机制。还多方组织市内高职院校赴陕西、河南、深圳、四川等市外院校交流学习、参加全国培训，并开展学校诊改理论研究与实践、市级诊改复核等系列工作，以提升市级专家队伍理论与实践水平，研究探索重庆高职诊改模式。

2020年，根据重庆市教委安排，重庆高职诊改专委会秘书处组织全国诊改专委会崔岩副主任委员、汪建云委员、高鸿委员，以及王卫东、张磊等市内外 40 余名专家分组参加复核工作，对重庆 7 所高职院校的诊改工作进行了现场复核。为推动职业院校建立常态化自主保证人才培养质量的机制，实现教学管理水平和人才培养质量的持续提升，重庆高职诊改专委会根据这 7 所诊改复核院校，以及重庆 12 所高职试点院校诊改工作实践，组织编写了《高职院校教学工作诊断与改进理论研究与实践案例汇编》。该案例汇编选编了部分高职院校的教学诊改理论研究和案例实践成果，为重庆各高职院校在常态化的教学工作诊断与改进中提供借鉴和参考。

本书在编写过程中得到了重庆财经职业学院、重庆城市管理职业学院、重庆工程职业技术学院等 12 所高职院校的大力支持和帮助。在此，对他们的大力支持和帮助表示衷心感谢！

由于编者水平有限，书中难免存在不妥之处，敬请广大读者提出宝贵意见。

编者
2022 年 3 月

目　录

第一章　高职院校教学诊改理论研究

论学生的质量角色定位及其作用发挥——基于高职院校质量诊改的视角 / 2

职业院校内部质量诊改数据平台建设的理念、架构与路径 / 17

增值评价视角下高职学生质量诊改指标体系研究与实践 / 32

校企联合双导师双现场双评价育人模式探索与实践 / 43

共同治理视阈下职业院校教学诊改机制研究 / 51

全国高职院校学生在校体验特征分析——基于2019年《高等职业教育质量年度报告》的数据分析 / 60

高职院校"以教学为中心"的课程诊改探索 / 79

内部质量保证体系建设与运行实践方案设计——以重庆城市管理职业学院为例 / 89

"双高计划"背景下高职教育质量境界提升探讨 / 111

高职院校教师工作投入的结构模型与动力机制研究 / 122

高职院校内部质量保证体系的建立与实施路径——以重庆财经职业学院为例 / 136

高职教学诊改中督导的素养具备及观念更新刍议——以重庆城市管理职业学院教学督导为例 / 147

基于课型的多主体课堂教学质量评价体系的构建 / 157

让评教成为课堂教学诊改的重要推手 / 164

基于"质量诊断与改进"专业建设质量提升探索与实践 / 168

质量时代教学质量改进的实证研究——基于教师行为角度 / 182

高职专业与课程诊断要素研究与实践 / 197

第二章 学校层面诊改典型案例

重庆财经职业学院学校层面诊改案例：加强顶层设计，构建完善学校内部质量保证体系 / 204

重庆工程职业技术学院学校层面诊改案例：聚焦质保体系，彰显工程成效 / 224

重庆工贸职业技术学院学校层面诊改案例：以诊改为契机 助推学院高质量发展 / 239

第一章 高职院校教学诊改理论研究

论学生的质量角色定位及其作用发挥
——基于高职院校质量诊改的视角

陈中耀　宋璐瑶　刘仲全　重庆城市职业学院　重庆　402160

自2015年以来，在教育部的积极推动和全国职业院校教学工作诊断与改进专家委员会的强力指导下，高职院校质量诊改工作如火如荼，涌现了不少诊改工作先进院校，吸收和消化了全面质量管理、知识管理、目标管理等先进的质量管理理论，构建了一些具有创新性、操作性和实效性的质量诊改模式，并基本形成覆盖决策指挥、质量生成、资源建设、支持服务、监督控制五个纵向系统和学校、专业、课程、教师、学生五个横向层面，以及智能化管理平台为依托的"五纵五横一平台"基本框架，取得了引人注目的成果。但是，比较遗憾的是，关于学生在质量诊改中的地位和作用的认识还比较模糊、不够系统，在很大程度上影响了质量诊改系统的构建，从而导致一些高职院校学生质量诊改体系的片面、拼凑、混乱与复杂，不利于教学质量诊改工作的扎实推进。本文运用全面质量管理理论，特别是过程方法，并借鉴学生参与理论，深入分析学生在教育教学质量生成过程中的角色定位，进而探讨学生角色中质量诊改中的作用，以期更好地推进教学质量诊改工作。

一、"产品"视野下的学生质量角色偏差

自我国高等教育大众化以来，或许由于高等教育规模的迅猛增长以及其他一些复杂的原因，人们普遍产生了对于高等教育质量的焦虑情结，包括教学评估在内的质量管理活动被屡屡实施，诸如质量监控、质量管理、质量保障、质量保证等概念也频频见诸报章杂志。随之，在高等教育质量提升的政策文件中，构建教学质量监控体系、建设高校内部质量保证体系，成为系统性解决高等教育质量的基本举措，在这个过程中，学生的质量角色是什么，始终没有清楚的答案。在有限的探讨中，学生的质量角色往往局限于学生作为高等教育或高等院校的"产品"来对待，导致了一些实践的偏差，未能建构科学的内部质量管理体系，也影响了质量管理的效能及教育质量的持续提升。

高职院校教学诊断与改进工作经过近 3 年的运行实施，教育部通过强化理论培训、制定诊改相关制度、建立国家和省级两级诊改专家委员会、遴选 27 所诊改试点院校、试行诊改复核等举措极大地促进了各高职院校开展教学诊断与改进工作。各高职院校进一步树立诊改理念、明确诊改工作重点，形成全力推进教学诊断与改进工作的良好氛围，为强化质量责任、完善质量标准体系、营造质量文化奠定了坚实基础。

通过对全国诊改试点院校内部质量保证体系建设与运行实施方案分析和对教学诊断与改进相关文献梳理，部分院校基于学生作为高职院校人才培养的质量承载者和教育服务的最终产品的理念进行质量标准制定和诊改指标构建，促进了人才培养质量的提升，起到了示范引领的作用。从试点院校内部质量保证体系建设与运行方案来看，诊改重点聚焦于学生的知识水平、思想道德、综合素质等维度，构建了职业技能标准、道德品质标准、综合素质标准和个人发展标准等，从产品的角度对学生制定明确的质量标准。相关诊改文献主要集中于诊改指标和标准体系研究，在专业诊改指标

方面，有学者提出，专业诊改应当围绕职业技能是否达标、学生是否可持续发展、培养目标是否达成等诊断点进行诊断，聚焦于用人单位对毕业生能力评价数据，专业职业资格证书获取率；[1]也有学者认为，应从学生就业率、专业对口率、技能大赛获奖情况、用人单位满意度等构建专业诊改质量指标，体现出学生作为产品的功能性等特点。[2]在专业诊改标准建设方面，个别学者提出，从学生对教学的满意度方面、学生的学业发展方面、学生就业的满意度构建诊改标准体系。[3]可见，无论是质量诊改的研究者还是实践者，都仅仅是以产品视角将学生作为高职院校人才培养质量的承载者开展学院、专业等层面的质量诊改，而忽略了学生作为消费者和参与者对质量诊改的深层次作用，这对学生质量角色的认识存在一定偏差。

二、学生的三重质量角色

高职院校质量诊改体系的搭建需要以全面、全过程地参与质量保障为基础，以学校关注学生学习过程与增值性发展为促进，以学生的积极参与为保障。传统的内部教学质量保障和质量评估中，学生角色单一化、被动化，仅仅被视为学校质量的承载者，缺乏在新的质量文化背景中剖析学生的角色，最终导致传统的质量保障未能全面评估人才培养质量。事实上，学生在教育质量生成的过程中，扮演着消费者、参与者、承载者的三重角色。

诊改体系建设离不开对学生主体的深入分析，本文通过理论研究和实践分析，梳理出学生在质量诊改体系中具备的三重角色：学生缴纳学费是高职院校的重要资源来源，学生通过提供学费，有权接受高职的优质教育服务、评价高职教育服务质量，因此，学生是教育质量的消费者；根据教育服务规律的特殊性，学生是教学活动的积极主体，只有学生积极参与，才能创造良好的教学质量，因此，学生是教育质量的参与者；高职教育为学生提供教育服务，为社会、企业、家长等其他利益相关者提供"学生"产品，通过呈现学生的培养质量反映院校的教学质量，因此，学生是教育质量的承载者。

（一）学生是教育质量的消费者

1. 学生购买了教育服务

从目前高职教育成本分担机制看，学生也是高职教育成本分担者，他们缴费上学，在我国尽管有地域差异，但文科类专业学费大约4000元、理科类专业大约5000元、工科类专业大约6000元、艺术类专业约10000元。学生的学费收入占高职院校办学收入的25%～40%，部分地区的个别高职院校所占比重甚至高达60%。由此可见，学生购买了教育服务[1]，在一定意义上，学生是教育服务的顾客。美国学者Edward Sallis在《全面质量教育》一书中，将教育机构中支付费用的"顾客"分为3级：直接接受服务的学生为"初级顾客"；家长、主管机关、进修教育学生的赞助厂商为"次级顾客"；未来雇主、政府和整个社会为"三级顾客"。并强调教育机构最基本的重心应该是直接提供服务的"初级顾客"[4]。

2. 学生有权选择教育服务

学生作为教育服务的消费者有权利从高职院校获得按照"合同"所规定的教育服务内容，实现自身价值的增值以确保他们在社会竞争中保持优势地位。学生作为消费者应获得的高职教育服务内容包括提供专业知识与技术技能培养、创新创业能力与职业素养培养、素质拓展与提升、学生事务管理与服务、就业服务与保障等。在管办评分离的教育管理背景下，随着高职院校利益相关者对高职教育服务质量提出更高要求，高职院校必须全面提升办学实力，夯实内涵建设基础，不断优化人才培养目标，充实和改善教育教学资源和条件，提升整体教育服务的质量和水平。

3.学生作为消费者有权评价高职教育服务质量

美国学者Seeman与o'hara运用CRM（customer relationship management）方法，在一所州立社区大学中探讨作为消费者的学生与高校教育管理之间的关系，最终得出"学校在教学管理中重视学生作为核心消费者的地位，通过关注学生的忠诚度和对学校项目与服务的满意度，最终能够实现教育管理质量提高"这一结论。[5]学生是购买教育服务的消费者，有权利对高职教育服务是否满足自我的要求和期望的能力进行评价，学生作为消费者的影响力不断增强，他们的学习和生活满意度成为大学政策制定者和管理者越来越重视的问题。[6]同时，学生作为消费者直接接受高职教育服务，相比其他利益相关者评价更为准确。高职院校内部质量保证体系诊改工作坚持以问题为导向，以智能化大数据技术为支撑，全面强化人才培养各环节问题监测预警和改进提高。在内部质量保证体系诊改背景下，高职院校应该重视学生作为消费者对教育教学、学生管理、就业服务等方面的意见和建议，不断优化教学设计、改善教学条件、提升教学结果。

（二）学生是教育质量的参与者

1.教育服务的特殊性决定学生参与

教育服务不同于一般的硬件和软件产品，一般商品的生产过程和消费过程具有相分离的特点，消费者在有形商品消费过程中可以根据自身需求选择合适的商品。教学过程是一种教师与学生双向互动、共同参与的科学活动，教学过程本身包"教"和"学"两个主体和两个活动，相比一般商品，教育服务的生产过程和消费过程不能分离，具有同步进行的特殊性。教师与学生必须共同完成整个教学过程，缺乏学生有效参与的教育服务活动将无法开展。因此，教育服务的特殊性决定了学生参与者的角色。学生参与教学的时间、态度、方式、成效将对高职院校教学质量产生重要的影响，加强学风建设、改进教学方式、激发学习兴趣等举措将提升学生参与度，促进教育服务质量提高。

2. 学生作为参与者创造教育质量

教育服务的特殊性决定了学生必须参与教学活动，学生主动改进学习方法、加大学习投入度等都会有效地促进教学质量的提升，学生从某种意义上讲作为参与者创造了教学质量。教师的作用对学生来说是一种外部影响，是不会自动地主体化为学生的意识，教育影响不能简单地授予人、移植到人身上，它必须以学生自身的积极活动为中介，才能使外部影响纳入到学生主观世界中去。[7] 只有教育者单一的努力，没有学生的主动参与，不能取得好的教育质量。全面质量管理理论要求组织关注组织长效利益，建立不断创新、反馈与持续改进的哲学。高职院校内部质量体系的建构，也秉承持续性特征，将"永不停歇地改进"作为其恒久目标。只有做到对学校、专业、课程、教师、学生各个层面有效反馈与改进，才能不断发现问题、解决问题，提升高职院校竞争力。学生在教学活动参与中，必然对课程设置、教学内容、教师素养、教学方法、教学设备、教学资源等方面形成多样化的反馈信息，外国学者 Cheri 曾在研究中提出："在学校管理中，学生的参与是非常有意义和可靠的。学校倾听学生的声音，关注学生的观点，可以把教育管理中遇到的一些问题消灭在萌芽状态，甚至有学生团体理性地认为应该将学生视为教育的共同创造者。"英国伯明翰大学社会科学学院教育学院学者 Rebecca Mary Freeman 在研究中介绍了一种名叫"student voice"的正式机制，致力于吸收英国乃至国际范围内的学生参与部分学校治理，进行课程评价和许多调查研究，该机制存在了十余年，并在不断调研创新中激发动力，透过学生参与为学校治理提供帮助。[8] 欧洲各国都通过采取吸纳学生加入高等教育决策管理机构、选拔学生参与内外部质量评估机构、充分听取学生组织和学生代表的意见等策略，来提升学校、国家、区域教育质量。[9]学生参与教学管理和教学活动产生的回馈信息对调整、优化、改进教学过程是非常重要的质量信息。基于教学活动的主体性以及质量管理的持续性特征，学生可被视为教育质量提升的参与者。

3.学生的学习投入度成为影响教育质量的重要因素

美国学者G.D. Kuh、J. Kinzie等人在研究中指出：影响大学生成功的因素主要有两方面——学生行为和学校环境。学生行为包括学生投入时间和投入程度、学习习惯、师生互动、同学交往等，学校环境包括教学资源、实践活动、教育政策、规划结构等，而联结学生行为和学校环境的节点在于学生投入度，在学校中获得成功的学生往往是投入度更高的学生。[10]学习投入度是指学生对旨在培养职业技能的教学活动的投入程度，包括认知投入、行为投入和情感投入三个方面。认知投入是指学生教学活动中对于学习目标、学习方法、检测方法等认知。行为投入指学生在教学活动中获取知识、师生互动等的总和，是认知投入和情感投入的直接体现。情感投入指学生在教学活动中的积极或消极的情感体验。认知投入、行为投入和情感投入三个方面相互影响、相互联系。高职院校通过调动学习主动性，强化师生互动，增加学生学习兴趣度和学习成就感，提高学生学习愉悦度，是提高学习投入度的重要方式。

（三）学生是教育质量的承载者

1.学生是高职院校教育质量体现者

高职院校的教育产品有两方面含义：一是将教育所提供的服务作为一种产品，主要指为学生提供的教育服务；另一个含义是指将学生的智力、能力、素养提高视为学校产品，将学生主体视为学校"产品"[11]。教育质量除了通过教学服务质量客体呈现，更多的是通过学生这一"产品"载体实现。"极端地说,大学的社会评价是由选拔(入学)、毕业(就业)这一入口与出口来决定的。对一般人来说,它有时就是最能看得见的'质量'指标。"[12]生源质量包含着学生进入学校的初始状态,这种状态能对即将开始的学习产生影响,生源质量是一项重要输入指标,作为最终产品的毕业生却是教育质量的主要承载者。"某种程度而言,高职院校毕业生质量是衡量高职发展的'试金石'。"[13]特定周期教学服务结束时,毕业生是接受就业市场挑选的教学产出质量的承载者,通过劳动力市场的竞争力及在工作岗位上的表现,被用人单位作为间接判断教学质量的现实依据。毕业生就业质量高,则间接地说明学校的教育教学和人才培养质量高。对于社会来说,学生承载着高职院校教育质量满足社会需要的程度。

2. 学生是高职院校品牌质量的铸造者

从产品的角度来看,高职院校人才培养类似于企业生产过程,是一组将输入转化为输出或相互作用的活动,始终以学生为关注焦点开展教学设计、资源投入、就业服务等工作。学生与企业的产品一样,对于高职院校品牌有着重要的影响。学生通过创新创业取得较好的社会效益和经济效益、参加国家级技能竞赛获得奖励、参与各级各类社会服务取得社会认可等行动,以及毕业生中的知名校友都为学校赢得了良好的社会声誉,不断提升着学校品牌的知名度和美誉度,因此学生也是高职院校品牌质量的铸造者。高职院校需要关注在校学生和做好毕业学生跟踪工作,不断提高学生的技术技能、创新创业能力、技术服务能力,以持续提高高职院校的品牌影响力。

3. 毕业生质量成为高职教育服务诊断改进的重要依据

学生作为高职教育服务质量的承载者,教育服务质量不仅取决于教育服务的资源投入质量和保障条件质量,就业质量、职业发展等结果性的质量也决定着学生培养质量。学生毕业后被社会接纳的程度、岗位胜任度、职业升迁率、雇主满意度评价都是毕业生质量的重要评价要素,而毕业生质量也是对高职学生培养定位、核心能力、职业素养培养质量的最终检验。就一般产品而言，产品设计基础来源于消费者需求和特定标准，消费者对产品不满意，厂家可根据消费者的意见重新设计、生产全新产品让消费者满意。对于学生而言，毕业生质量高表现为较高的岗位胜任度、职业升迁率、雇主满意度，毕业生质量低往往反映出教学策划、教学资源与条件、教学实施等人才培养全过程存在的问题。高职院校必须重视毕业生的就业质量，将毕业生就业质量作为诊断与改进的重要依据，不断完善改进和提高教学策划、教学服务保障、教学资源与条件、就业发展质量，服务于区域经济发展和学生的全面发展。

三、在质量诊改中学生质量角色的作用发挥

（一）学生的成长需求是诊改工作的关注焦点

在高等教育大众化的今天，学生消费者不仅对高职院校具有选择权，而且作为毕业校友还具有推荐权。根据麦可思每年发布的全国高校就业白皮书显示，高职院校的毕业生校友推荐度低于70%，高职教育服务还不能完全满足学生对技术技能培养的要求和期望。学生是高职院校教育服务的消费者，高职院校必须以学生为关注焦点，针对学生学习需求来开发、设计、提供教育服务。同时还要关注学生学习需求的差异性和动态性，及时创新教学策略和教育服务形式，持续地满足消费者不断发展的需求和期望，还应超越消费者的需求和期望。学生作为高等职业教育服务的直接消费者，其主体地位自然不能忽视，学生有权利根据自身发展要求、职业规划、身心素养、兴趣爱好对教学内容、教学方法、教学资源等进行选择和批判。教学活动服务应关注学生利益方的需求，考虑学生主体的需求与观点，认真分析学生学习状态、拥有个别化和差异化策略，只有学生通过教学服务

达到个人期望，高职院校教育才能成为有质量的教育。

学生体现着质量主体的地位，学校的所有工作以学生为中心而开展，高职教育最终质量承载于所培养的学生质量中。学生作为消费者、参与者、承载者，在高职院校人才培养质量中具有重要影响，表现为评价教学质服务满意度不断提高教学服务质量，张宝歌（2007）认为："学生的学习成就和毕业后适应社会的程度是教育质量的体现，学生是教育质量的主体，学生的需求必须得以体现。"[14]参与教学质量生成过程，提升教学质量，孙珂（2014）认为"学生是教学质量的主体，只有促进学生参与学习，发展学生的学习兴趣，才能使学生成为对自己的学习负责的学习者"。[15]学生作为教育服务和教育培养的产品评价者，无不彰显学生在高职院校教学服务中的主体地位。职业院校教学诊断与改进工作目标就是服务于职业院校的事业发展和学生的全面发展，重视学生主体地位，关注学生质量评价、质量生成和质量结果就显得尤为重要。

当前各高职院校积极推进教学诊断与改进工作，但对于学生主体作用体现得不充分，将学生作为单独、孤立的一个层面进行诊改，忽视了学生贯穿诊改始终的主体作用。因此必须转变诊改工作理念，一是将学生主体地位和作用重要作为诊改的重要遵循，加强对质量诊改体系的系统设计和整体优化，将学生质量评价、质量生成和质量结果融入"五纵五横"的体系结构。二是重视学生在质量诊改工作中的参与度，无论是学生层面的自我诊改还是专业、课程层面的诊改，都离不开学生进行全面参与和质量改进，正如《21世纪的高等教育：展望和行动世界宣言》中提到："国家和高等院校的决策者应把学生及其需要作为关心的重点，并应将他们视为高等教育改革的主要参与者和负责任的受益者，参与评估，参与课程和教学法的改革以及政策制定和院校管理。"[16]

（二）学生的学习投入与体验是诊改质量指标的重要内容

坚持以学生为中心是新时代高职教育的根本遵循，高职教育不仅服务于区域经济发展，更要服务于学生的全面发展。随着高等教育质量研究的不断深入，对于高等教育质量理解逐步转变为学生学习过程的学习体验，不仅关注学习结束后达到的学习结果，更加关注学生的体验感觉和增值过程。学生作为高职教育服务的消费者有权对高职院校教育教学服务质量进行评价，学生在学校教育中获得一系列体验当然就应该作为评价的重要依据。

根据美国、英国、澳大利亚等国家开展的学生学习体验调查实践，学生学习体验分为优质教学、一般技能、清晰的目标与标准、学习量合理化、课程整体满意度、学生学习支持、学习资源、学生共同体、激发智能以及大学体验总体满意度等12个维度，能够合理地展现学生学习体验情况和为教育服务改进提供参考。就目前全国诊改试点院校的诊改指标体系而言，存在质量诊改指标偏多、标体系之间关联度不高、核心要素不聚焦等问题，建议借鉴国外学生学习体验调查经验，结合实际校情，关注学生学习体验，不断优化各层面的诊改指标。

学生学习性投入是通过测量学生在教育活动中积极主动参与和投入的状况，预测学生学业成绩和反映学生对学校教育供给的满意程度，对于开展质量诊断与改进工作具有重要理论意义。教育部原部长陈宝生也曾在2018年的新时代全国高等学校本科教育工作会议上明确指出存在"学生精力投入不到位"的问题，可见提升学生教育教学活动的参与度、加大学生学习性投入问题是高职院校必须补齐的短板。学生学习投入是参与质量的重要因素，包括在线学习、第二课堂和企业实践的时间投入，教学目标明确度、知识技能拓展等认知投入，课堂互动率、抬头率、参与率行为投入，学习主动性、愉悦度、成就感等情感投入以及知识掌握度等学习效果。

学生是质量生成的主体，以学生为中心、服务全面发展的理念应贯穿人才培养质量生成的全过程，包括输入质量、过程质量和输出质量。开展教学诊断与改进工作就是改善输入质量、改进过程质量、提高输出质量，提高生源质量，改善学生学习投入是关键。通过建立生源投入质量、学生学习的时间、行为、情感、效果等维度的标准，依托综合学情大数据平台开展诊改，智能分析和预警学生生源质量、学习行为，帮助学生改进学习投入，提高过程性质量。

（三）学生的满意度是诊改持续改进的目标

人才培养作为高职院校的主要职能，学生作为教育服务和教育培养的产品，其综合素质、技术技能水平直接决定社会对高职院校培养质量的评价，学生作为高职院校教育服务质量的承载者，关注的就业质量、职业发展、创新创业等，既是人才培养质量衡量点，更是教学诊断与改进的起点，对于人才培养定位、课程建设、实践教学、师资队伍优化和促进质量持续提升具有重要意义。

关注学生综合发展是开展学院层面、专业层面诊改的重要依据，应当以就业率、职业发展、优质就业率等反映就业质量指标，以创新创业影响力、主要媒体报道、社会服务等反映社会声誉指标，将这些指标纳入质量诊改数据平台进行常态化的监测和分析，服务于学院和专业诊断与改进，实现人才培养质量的持续改进。

（四）发挥学生主体作用是实现学校质量共治的重要途径

高职院校是典型的利益相关者组织，其办学目的在于实现包括学生在内的利益相关者整体的利益最大化，重视学生的合法权益应该成为完善学校治理使命的重要任务。[17]事实上除了政府及教育主管部门之外的利益主体，作为联系最密切的学生群体几乎远离事务管理与学校治理，无法通过有效的渠道和合理的机制发出声音与争取利益，易造成学校实际发展游离于学生实际需求之外的境况。

学生自身承担着消费者、参与者、承载者三重角色，作为与学校联系最密切的利益相关者，享受教育服务，接受教学质量，参与学校管理，在学校共治中发挥着积极的作用。[18]当前，学生参与高等职业院校质量共治面临着管理理念束缚、制度保障缺失等问题。如何让学生参与高职院校共治？可以借鉴欧洲博洛尼亚进程和美国发挥学生参与高等院校治理的实践经验。一是建立健全学生参与高职院校治理的法律法规和完善高职职业院校章程，从法律和制度层面保障学生参与共治的合法权利；二是树立现代大学治理理念，完善学生参与院校的自治组织，畅通学生参与院校共治的沟通渠道，促进学生参与管理决策和相关事务管理；三是倡导"以学生为中心"的学习策略，重视对学生参与教学效果意见反馈，同时学生以咨询顾问的身份参与课程设计，即征询学生的意见并在公开讨论的基础之上构建课程体系。[19]通过完善学生参与治理的流程制度、健全学生参与治理的组织机制，推动学生参与学校管理与民主决策，参与基于"五纵五横"的全过程内部质量保障体系评价，使学校的战略规划与发展目标更具方向性、针对性、聚焦性。

参考文献

[1] 万德年.高职院校如何做专业诊断与改进[J].职业技术教育，2017（17）：58-61.

[2] 刘辉，靳大伟，杨桂娟.专业诊改质量控制目标点的设计与实施路径研究[J].工业技术与职业教育，2018（16）：55-58.

[3] 王贡献，沈发治，王如荣.高职院校内部质量保证体系中诊改标准体系的构建[J].江西电力职业技术学院学报，2018（31）：135-136.

［4］ SALLIS.全面质量教育［M］.上海：华东师范大学出版社，2005：29-31.

［5］ LAU. Enriching Stakeholder Theory：Student Identity of Higher Education ［J］. American Journal of Industrial & Business Management，2014，4（12）：764.

［6］ 马培培.论美国大学治理中的学生参与［J］.高等教育研究，2016（3）：104-109.

［7］ 南京师范大学教育系.教育学［M］.北京：人民教育出版社，2003：133.

［8］ FREEMAN. Student Voice：New Forms of Power and Governance in Higher Education in England［J］.University of Birmingham，2014（4）：72.

［9］ 饶燕婷.欧洲国家高等教育质量保障中的学生参与政策［J］.教育发展研究，2012（11）：67-70.

［10］ KUH，KINZIE，BUCKLEY，et al. JC Hayek.What matters to student success：A review of the literature. Bloomington［Z］. Indiana University，Center for Postsecondarch，2006：8-9.

［11］ 胡弼成.高等教育质量观的演进［J］.教育研究，2006（11）：24-28.

［12］ 天野郁夫.高等教育的日本模式［M］.北京：教育科学出版社，2006：251.

［13］ 李德方，王明伦.高等职业教育发展新伦［M］.北京：知识产权出版社，2017：137.

［14］ 张宝歌.高等学校学生质量评价体系的研究［J］.黑龙江高等教育，2007（12）：69.

［15］ 孙珂.促进学生学习是提高教育质量的关键：宁波诺丁汉大学教学质量保证制度研究［J］.世界教育信息，2014（23）：56.

［16］ 赵中建.全球教育发展的研究热点：90年代来自联合国教科文组织的报告（修订版）［Z］.北京：教育科学出版社，2003：411.

［17］ 王华伟.利益相关者理论视阈下大学治理中的学生参与研究［J］.现代教育科学，2014（9）：143-146.

［18］ LEISYTE，WESTERHEIJDEN. Stakeholders and Quality Assurance in Higher Education. Drivers and Barriers to Achieving Quality in Higher Education［C］. Center for Higher Education Pdicy Studies，2013：86.

［19］吕光洙，宋官东，梁雪彩.学生参与：欧洲高等教育治理的新路径［J］.世界教育信息，2016（5）：29-34.

职业院校内部质量诊改数据平台建设的理念、架构与路径

张 培 重庆工商职业学院 重庆 400052

按照党的十九大提出的高质量发展的要求,面对我国职业教育的快速发展和经济社会对职业教育人才培养质量提升的诉求,开展职业院校内部质量保证体系诊断与改进工作,不仅成为推进职业院校高质量办学和高品质学习的重要基础,也是提升职业教育现代治理能力并实现可持续发展的重要路径。某种意义上讲,质量诊改工作的主要对象在于职业院校内部质量保证体系构架及其运行状态,其核心目的在于"促进内部质量保证体系完善,常态化监测教育活动运行状态,提高高职院校人才培养质量"。[1]这便需要有体系完备、功能强大的质量诊改数据平台为依托。为此,教育部办公厅在《关于建立职业院校教学工作诊断与改进制度的通知》(教职成厅〔2015〕2号)中明确"职业院校要充分利用信息技术,建立校本人才培养工作状态数据管理系统,及时掌握和分析人才培养工作状况",[2]教育部职成司在《高等职业院校内部质量保证体系诊断与改进指导方案(试行)》中也进一

步强调"强化人才培养工作状态数据在诊改工作的基础作用……提升学校教学运行管理信息化水平,为教育行政部门决策提供参考"。因此,职业院校应以现代信息技术和数据处理技术为基础,[3]加快推进内部质量诊改数据平台建设,通过对人才培养全过程数据的持续收集、及时发掘和深入分析,动态化常态化监测教育教学运行状态,为多元参与主体进行正确的价值判断和科学决策提供客观的数据依据。但是,对于如何构建高效完备的职业院校内部质量诊改数据平台,在实践中还需要遵循质量诊改工作的内在要求进一步予以厘清,本文着眼于此,围绕核心理念、系统架构、实现路径等方面展开深入研究。

一、职业院校内部质量诊改数据平台建设的核心理念

在教育实践活动中,理念认知作为一种"价值范式",具有显而易见的导向作用、引领作用和激励作用[4],尤其对具有"产业"和"教育"双重属性的职业教育而言,没有先进教育理念的支撑,其办学行为可能是短期的、目标愿景可能是片面的、发展方式可能是被动的。而党的十八届五中全会系统提出的"创新、协调、绿色、开放、共享"五大新发展理念,为我国新常态下经济社会发展给出了一套完整的内在逻辑系统。以此为指导,有鉴于职业院校质量诊改工作的特殊要求,本文认为,职业院校质量诊改数据平台建设需要秉持以下核心理念,塑造质量诊改数据平台健康可持续发展的内在动力。

1.功能完备,创新发展

职业院校内部质量诊改数据平台必须具有强大的数据整合、数据分析、预测预警等功能。多元参与主体可以利用质量诊改数据平台及时动态地对人才培养基本状态数据进行综合信息查询,对过程性核心

数据开展多维度分析，对重要重点数据信息进行结构分析，实现人才培养过程性质量的在线动态监测、教学质量指标因子的个性化定制等，进而基于此定期编制并发布教学运行状态阶段性分析报告或统计报告。利用内部质量诊改数据平台，职业院校不仅可以实现强大的数据分析、信息监测、过程预警等功能，从而对人才培养的基本运行数据进行分类汇总并与本校不同时期进行纵向比较，还应该能够就一些诸如教师、学科、专业的核心数据与省（市）内外的同类院校进行横向比较，进而发现差异，精准地实现办学定位的调整和工作重心的调整。

为了构建这样一个功能完备且强大的内部质量诊改数据平台，职业院校应该打破传统的办学质量评估的旧有思维模式和理念，面向需要，面向未来，切实树立创新驱动发展的意识，视创新为第一动力。第一，要充分运用战略思维、互联网思维、用户思维、跨界思维、大数据思维等，不断拓展数据平台功能。第二，要充分利用互联网、云计算、大数据、物联网等现代信息技术和手段，持续创新质量诊改数据平台的技术功能，使之可以直观地展现职业院校的教育教学状态、常态化监测运行过程、及时有效地反馈并持续改进教育教学质量等。第三，要充分利用可视化技术和工具，可以对数据进行多维度、立体化地动态组织、浏览和分析，实现便捷高效的分析、比较、预测、决策等，帮助多元参与主体对职业院校人才培养状态进行全面准确把握。

2. 应用导向，协调发展

职业院校内部质量诊改数据平台建设的根本目的在于推动和提高其教育教学能力和人才培养质量，其出发点和落脚点应该放在促进高等职业教育内涵发展上来。因此，构建功能完备效能强大的职业院校内部质量诊改数据平台不仅仅是为了汇集校内各业务部门的数据，更要着眼于为国家、地方教育行政主管部门，以及职业院校、市场组织、社会公众等主体提供及时、客观的人才培养状态数据，要为有关部门研究制定政策、进行科学决策等提供高质量的数据信息参考和服务。可以说，衡量职业院校内部质量诊改数据平台的一个重要标准和依据就应该是数据支持是否有利于提高教育教学水平、是否有利于提高人才培养质量、是否有利于提升办学治校能力。为此，职业院校内部质量诊改数据平台就必须以应用为导向，面向办学过程中多元主体的需求，突出强化应用功能的设计与开发，例如：可以根据国家、地方教育主管部门以及职业院校自身的需求等，建立先进的内部质量数据统计分析模型，开展多层次、多角度、多维度的系统性数据分析，针对不同使用对象提供不同的定制性分析；可以通过纵向或横向的比较分析对职业院校的人才培养过程性数据或教学质量水平发出信息预警，提醒不同的业务主体采取有效措施规避风险，从而持续推进教育教学质量的改进。换句话说，职业院校在建设内部质量诊改数据平台的时候，必须强化用户思维和应用导向，切实发挥其多维数据分析、常态过程监测、信息预测预警等价值，服务于自身的教学诊断与改进，服务于政府对职业教育的宏观管理和监督，服务于职业院校教学质量第三方评价，服务于职业教育的健康发展。

3.循数治理，绿色发展

职业院校内部质量诊改数据平台是以现代信息技术和数据挖掘手段为支撑、以人才培养全过程性数据为基础的综合性网络应用平台，它要揭示职业院校人才培养活动中各类数据信息之间的结构性或非结构性特征，探寻隐含于各类数据之间的关联关系，直观地体现职业院校办学运行状态，并且真正做到"让数据开口说话""用数据辅助决策"，实现基于数据支持的"循数治理"。[5]第一，职业院校内部质量诊改数据平台应遵循现代职业教育的办学基本规律和人才培养基本规律,在对学校基本条件、师资队伍、招生就业、专业建设、教学运行、学籍管理、质量监控、后勤服务等信息进行实时收集和监控的基础上,深度挖掘与教育教学有关的整套常态化运行数据之间的相关性,帮助职业院校及时知晓自身在人才培养、科学研究、社会服务、文化传承与创新、国际交流与合作等方面的运行状态,对存在的不足加以及时的改进,从而提升办学治校的综合能力。第二,职业院校要树立"循数治理"的理念,强调运用数据说话的意识,充分借助现代信息技术在信息数据处理中的优势和能力,实现数据分析结果的客观性和公正性,保证院校治理过程的科学性和规范性。在教学质量和办学能力实时监测方面,内部质量诊改数据平台基于数据的评价过程,可以有效降低靠"拍脑袋决策"的主观随意性,并可以从源头上化解逆向选择和道德风险等机会主义行为[6],实现绿色发展;在第三方评价方面,基于内部质量诊改数据平台数据的分析,可以有效减少传统评估活动中产生的成本支出,提高评价成效,保证对院校人才培养质量评价的公平性、公正性、客观性和准确性,进而实现绿色评价。

4. 协同融合,开放发展

职业院校内部质量诊改数据平台建设是一个综合性极强的系统性工程,它具有典型的"生态思维"逻辑,不仅面向职业院校内部,更要考量外部多元办学主体的参与,始终应强调协同融合的价值认知。事实上,这不仅是职业教育保持活力的前提条件和基础支撑,还是其能够与市场有效对接并健康可持续发展的重要保障。所以,职业院校内部质量诊改数据平台建设过程中应该全面融入协同融合的思想,努力实现开放式发展。第一,职业院校内部质量诊改数据平台的服务范畴应该面向多元参与主体实现全面开放,不能只是某一个层面、某一项具体内容的单一环节开放,而应该推动全方位、全领域、立体化的多维度开放。要面向各级政府、教育主管部门、职业院校、市场组织和社会公众等开放,构建广泛的办学利益共同体,充分发挥它们在职业教育人才培养过程中的主观能动性,共同推动职业院校的健康发展。同时,职业院校内部质量诊改数据平台的内容要具有包容性和开放性,各个参与主体都可以在法律及合作框架内,在自身权限范围内进行数据信息查询、提取和分析,从而促进多元主体的协调发展,进一步优化它们之间的分工合作机制和协同运作机制。第二,建设职业院校内部质量诊改数据平台需要切实协调多元参与主体之间的关系,在形成相互配合、彼此协同、共同发展的多元共治格局的基础上,统筹诊改平台的建设和发展,充分发挥它们在数据平台建设中的能效,尤其是要协调政府教育主管部门积极介入,以便能够建立规范统一的职业教育内部质量诊改数据体系。当然,职业院校还需要调动和协调好内部各二级单位主动并乐于参与质量诊改数据平台建设的积极性。

5. 互利多赢,共享发展

一个开放的职业教育内部质量诊改数据平台,就要在遵循平等互利的原则基础上,以法律法规和合作契约为基础,坚持共建、共用、共投入、共受益的理念,既要合作共建相关的软硬件设施,又要共同分享数据信息资源,从而充分彰显其共建共享的价值追求和互利多赢的价值目标。[7]如果质量诊改数据平台只能面向职业院校内部的师生和业务部门使用,那其必然与外部系统是割裂的,无法有效吸纳外部的能量流,无法真正完成内部质量诊改。对国家及地方政府而言,可以利用职业教育内部质量诊改数据平台对教育教学运行状态和人才培养过程信息进行在线数据查询、数据提取、数据分析、数据汇总及数据监测等,从而可以全面地把握职业院校的宏观运行态势,为科学决策和政策制定提供重要的参考依据。对省级教育行政部门而言,可以通过调阅本地区职业院校的人才培养状态数据、定制本地区职业院校人才培养质量年报、对比分析本地区职业院校与国内同类院校的差距等，及时掌握本地区职业院校和职业教育发展状况，及时有针对性地调节本地区的高等职业教育资源，优化资源配置。对职业院校而言，可以通过对人才培养全过程、全方位的状态数据的横向对比和纵向比较，动态地常态化监测学校层面及二级单位层面的教学基本情况，及时发现问题、分析问题、解决问题，增强院校管理的科学性，提供办学治理能力。对社会组织而言，可以利用质量诊改数据平台更好地发挥第三方在职业院校办学评价中的作用，提高评价的客观性、公正性。社会公众则可以从自身立场上了解职业教育和职业院校发展状况，加强对职业教育和特定职业院校人才培养质量的监督和评价。

二、职业院校内部质量诊改数据平台建设的基本架构

职业院校内部质量诊改数据平台建设是一个复杂的系统性工程，按照功能要求、信息流向和目标任务来看，它应该包含数据采集、分析、预警、反馈以及文化等五个子系统，不仅要体现高度的系统集成性，还要分别体现职业院校的办学特色、目标定位、质量意识、制度体系等。

1. 支撑基础：数据采集系统

毫无疑问，对教育教学活动的监测和评价必须建立在充分、大量、可靠、有效的数据信息基础之上，唯有如此才能提供客观的诊改依据。所以，职业院校内部质量诊改数据平台建设的支撑基础在于数据采集，这是保障职业院校人才培养质量诊改工作顺利推进的逻辑前提。建设数据采集系统，一方面，应充分重视现代信息技术特别是互联网、大数据处理等技术的作用，以保证全过程、全领域的人才培养数据采集

的及时性、客观性和科学性；另一方面，应切实遵循数据采集的主要标准和基本原则，不仅对基本数据和核心数据都能做到实时采集，还要确保数据采集的广度和深度，不仅要让所确定的数据采集项目与我国职业教育发展实际相符合，突出学校特色、区域特色和中国特色，更要体现与国际先进职业教育院校办学质量的接轨。目前，教育部没有设定统一的质量诊改数据指标体系，就是要求各因校制宜、因时制宜、因地制宜地设定符合自身实际的诊改数据系统。当然，教育部推动的高校教学基本状态数据库，包含了"专业设置、课程建设、实践教学、师资队伍、校企合作、学生培养质量和社会服务"[8]等七大方面的数据项，可以作为职业院校内部质量诊改数据库建设的重要参考。

2. 运行中枢：数据分析系统

职业院校内部质量诊改工作要依靠两个重要的事实：一是收集人才培养全过程的数据信息，二是整理、挖掘并鉴别相关数据信息资料的相对价值和执行标准。因此，科学有效地对职业教育人才培养数据进行整理和分析，发掘出数据的价值，便成为职业院校内部质量诊改数据平台建设的神经中枢。质量诊改数据平台的后台要充分依托数据挖掘技术、联机分析处理技术等高效的现代数据分析手段，实现对数据随时进行聚类分析、回归分析、主成分分析、判别分析、关联分析、时间序列分析等多维度、多类别、多层次的综合分析，最大化地开发数据资料的功能，及时将有效的信息从大量数据中萃取和提炼出来，并找出所设定的研究对象的内在规律。整个数据的分析维度可以根据实际需要从不同指标类型中进行跨部门跨业务的综合分析，也可以围绕某个主题的数据，选择有关的维度开展独立分析，还可以挖掘数据之间的关联模式并分析问题产生的原因。当然，质量诊改数据平台要提供灵活多样的展现方式，充分利用可视化技术，将职业院校人才培养质量诊改的数据分析结果转化为直观信息,并通过图形、报表等方式呈现,可以生成统一的核心数据分析结果,也可以生成个性化的数据报告。

3. 关键功能:风险预警系统

一般而言,预警是根据以往的经验总结或运行规律观测到危险或危机可能发生的前兆,并事前发出信息警报或警告,实际上就是围绕特定目标而建构的关于风险监测、风险评价的一套理论及方法体系。预警系统则可以被认为是,通过对相关信息数据资料的收集分析,监测并评价相应的风险状态偏离设定阈值的强弱程度,进而向决策层发出预警信号并提前做好预防措施的系统。事实上,拥有一个集过程监测、数据诊断、信息预警和要素调控为一体且功能强大的预警系统正是职业院校内部质量诊改数据平台建设的关键功能所在,是建立和完善内部质量保障体系的重中之重。这样一个预警系统可以根据职业教育及职业院校自身的特点,在数据分析和变动趋势监测的基础上,对标其基于办学需要而预设的指标阈值,发现风险因素或工作缺陷,及时发出预警信息以便让学校、业务部门、教师等可以改进相应的人才培养工作。职业院校应在教育部宏观要求基础上,按照本地区教育行政主管部门对省级质量诊改的整体设计,制定符合自身实际的内部质量诊改标准体系,对人才培养全过程进行动态监控,[9]并对不合格或者变化异常的情况及时加以信号提醒,实现对职业院校教育教学质量的动态预警。

4. 核心要义:信息反馈系统

职业院校内部质量诊改数据平台必须是具有闭环信息通道的系统,该系统是否有效则取决于信息反馈是否灵敏、精准、有力。所以说,反馈系统是职业院校内部质量诊改数据平台建设的核心要义，是诊改数据系统的关键环节。这样一个反馈系统是本着如何提高职业院校人才培养质量的目的，将所有监测收集到的数据信息进行综合分析和深度处理，然后将分析结果中显示出来的信息，例如教学目标达成状况、人才培养质量现状、办学条件和能力水平等及时反馈给二级院系、业务部门、职业院校、地方教育行政部门以及社会机构等，使相关主体能够实时掌握职业院校人才培养的现状及存在的问题。信息反馈系统不仅能够基于平台强大的数据分析、信息查询与预警功能，动态、及时地呈现职业院校教育教学的运行状态，还能够通过面向用户的友好界面，利用平台内嵌的高效分析工具生成满足不同需求的不同类型的分析报告。反馈系统可以为职业院校的人才培养优化、办学决策和教育主管部门的政策设计提供可靠的数据科学支撑和良好的信息支持环境，不仅可以持续改进教育教学质量，还有助于提高教育教学决策的质量和水平，能够促进教育教学决策的科学化、民主化、精确化与制度化。

三、职业院校内部质量诊改数据平台建设的路径设计

所谓路径决定成效，有效完成职业院校内部质量诊改数据平台建设目标、实现预期功能，应该遵循"五大发展理念"，把握现代职业教育发展规律及人才培养逻辑，沿着以下机制建设、模式选择、采集途径、能力提升等路径协同平稳推进。

1. 构建数据集成共享机制

目前各职业院校普遍存在这样的问题：业务部门基本都有各自的数据库和管理信息系统，但由于缺失数据标准及管理不规范而导致了现

实中显性的信息孤岛和数据壁垒。这是建构职业院校内部质量诊改数据平台的首要障碍。第一，各职业院校应加强信息化建设的规划设计，面向"互联网+"充分发挥学校层面的上位优势和资源整合功能，着力加大人、财、物的投入和支持力度，建设并优化"云+网+端"构成的新基础设施，完善数据化、智能化的整体技术架构和支撑体系，满足对人才培养过程中产生的结构性和非结构性数据进行全方位、多维度测量的大数据挖掘、深度分析及云计算的需要。[10]第二，应该制定数据化治理的顶层架构，建立并优化信息化建设的体制机制，统一数据标准和信息系统建设模式，加强校内各部门、各学科专业间的沟通协调及数据开放，建立多维度主题数据仓库，形成各类数据集成及交换平台，全方位汇集各种数据，促进纵向和横向的各业务领域和综合管理系统的无缝对接，实现对职业教育教学数据的有效整合，实现真正的互联互通，切实消除信息孤岛。第三，应进一步完善信息公开制度，各职能部门和专业院系应以用户需求为导向，立足人才培养的重要职能，遵循学校整体性的数据沟通整合机制，加强教育教学、教务管理、科学研究、校企合作、社会服务等人才培养全过程和全方位的大数据开发、采集和积累，并通过学校一体化的信息化大数据平台主动开放数据、共享数据，满足各院系、职能部门或教师、学生、管理者之间的多样化需要，实现大数据驱动人才培养及院校"循数治理"的效能最大化。

2. 确立多元主体共治模式

职业院校教育质量诊改数据平台不仅是职业院校自己提升人才培养质量的重要支撑工具，还是帮助政府有效履行对职业院校的管理职责、承担社会责任以向社会公开数据信息的重要载体。所以说，实现多元主体共享不仅是质量诊改数据平台建设的目标追求，也是该平台建设的本质要求，切实反映了我国职业院校治理模式由单元管理转向多元共治的进步。第一，职业院校应该采取校企合作共建的方式，引进具有技术优势的社会组织参与学校质量诊改数据平台的开发与建设，确立多元主体可以在某种合约及制度框架的基础上共享数据平台建设成果的目标，并采取一系列具体举措和工作机制充分调动多元主体参与职业院校质量诊改工作的积极性、主动性和创造性。第二，建设质量诊改数据平台要以用户需求为导向，不断关注多元主体的数据需求，设计用户友好的工作界面，提供可以个性化定制的数据分析报告，不仅满足多元主体对参与职业院校质量诊改的个性化需求，还可以有效实现职业院校从静态化单一管理走向动态性整体治理、从精细化业务管理转向精准化全域治理、从单维度碎片化管理迈向多元协同化治理。第三，职业院校要通过校企深度合作，整合有关电子、信息、计算机、传媒、教育等领域的骨干力量，建立专业的研究团队或设立专门的研究机构，或适时建立政行企校多维合作的虚拟团队，扎实开展本校质量诊改大数据研究并加强专业人员运用大数据技术和工具的能力，并以坚持事实判断和价值判断相统一的原则建构具有本校特色的质量诊改大数据应用模型及综合应用体系，稳步推动质量诊改大数据的综合应用。

3. 持续拓展数据有效采集

数据采集是职业院校内部质量诊改数据平台建设的基础，是帮助院校实现"循数治理"有效落地的根基，主要应该解决数据来源、数据采集方法两个方面的问题。第一，对于数据来源问题。毋庸置疑的是，职业院校内部质量诊改数据平台要采集的数据是涵盖了整个人才培养全过程的全样本数据信息，具有大规模、全覆盖、多类型、深层次的特点，应该采取在线高频次或者实时动态采集的方式，对有关教育教学中的数据颗粒予以广泛采集，既包括了职业院校内部学生对专业建设、课程设置、教师能力、教学支持、实践教学、学生就业、后勤服务等微观数据，也要包括所在区域、地区的宏观经济社会发展数据，必要的时候还要收集学生在社交网络和论坛中的数据以及各项满意度调查数据等，那些参与了校企合作的社会机构的数据也应该被予以考虑，从而形成完整的质量诊改大数据闭环链。第二，对于数据采集方法问题。职业院校内部质量诊改数据平台中的数据采集方法一定要充分体现科学、客观、有效，这是保障质量诊改顺利推进的重要前提。[11]在数据采集过程中，要遵循职业教育基本规律和教学工作的内在特点，细致考量教学投入和教学效果的逻辑关系，有效划分业务部门的职责分工，既要对有关"诊改点"进行科学的标准规范、指标设计和内涵界定，确保所收集数据的可靠性、准确性与规范性，又要对一些无关的数据粒予以清洗与筛选，避免重复或无效数据被留存到诊改平台中并干扰诊改数据分析效果，还要不断创新人才培养过程中数据粒采集的深度和广度，尤其是那些涉及职业院校办学水平、教育教学质量、办学特色等方面翔实的数据。

4. 提升数据分析反馈能力

对于推进职业院校内部质量诊改工作，尤其是以诊改工作推进职业院校内部治理能力现代化而言，不仅要搜集和整理人才培养全过程信息数据，更重要的还在于对数据的深入挖掘、分析和反馈。第一，职业院校要着力提升数据挖掘与分析能力，增强辅助决策的效能。面对内外部海量的信息资料，基于不同类型数据的属性和特征，通过有效的数据挖掘分析技术，改善数据信息质量，在质量诊改数据平台或数据仓库中进行不同层次的数据粒度分析，综合利用分类模型、聚类模型、关联模型、预测模型等，有效发现数据之间内在的相关关系，建构各类数据之间的逻辑模型或关联规则，提炼出隐含其中的高附加值信息、识别出内隐其中的相对价值，精准发掘出有关趋势和规律，精确把握数据的结构特征，科学研判职业院校在人才培养各环节的状态，从而为质量诊改和院校治理提供科学的数据分析支撑。第二，职业院校要切实优化信息反馈能力，实现质量监测常态化。质量诊改数据平台的目的在于通过对教育教学状态的动态化常态化监测，探求人才培养质量持续改进、不断提高的途径，需要有完善的数据信息反馈机制作为保障。为此，要充分利用现代信息技术手段，不断完善动态预警和质量报告有机结合的常态化反馈机制，增强质量信息的实时查询、及时分析与动态预警等功能，提高报告内容的完整性、多样性和准确性。同时，要以用户需求为导向，充分运用各种数据可视化工具与方法，创新数据呈现形式，生动呈现数据信息之间的状态和关联，增强信息反馈的便捷性、友好性和易用性，从而保障各主体可以及时掌握有关反馈信息，为科学决策和精准调控提供重要的依据。

四、结语

当前，经过国家多年的强力培育，尤其是在国家骨干高职院校、国家示范性高等职业院校建设完成之后，我国职业教育整体上提升了一个大的台阶，正在向职业教育强国转变。在此背景下启动的职业院校内部质量保证体系诊断与改进工作，不仅深刻把握了当前阶段职业教育发展内涵和办学理念的深刻变化，也向职业院校提出了挑战性的工作要求，应创新核心理念、优化系统架构、筑牢实现路径等，建设特色鲜明、功能强大的职业教育质量诊改数据平台，引领职业教育内部质量保障方式的转变，切实推动职业教育人才培养质量的不断提高。

当然，职业教育内部质量诊改还需要有强有力的质量文化作为重要支撑和环境保障，但有鉴于这对于诊改数据平台建设而言属于并非直接路径，就不在此详细阐述，今后将另文研究。

参考文献

［1］ 刘志峰.高职院校内部质量保证体系诊改工作：本质、意义和内容［J］.职业技术教育，2016（18）：24-29.

［2］ 教育部办公厅关于建立职业院校教学工作诊断与改进制度的通知［EB/OL］.（2015-06-23）［2022-01-01］.http：//www.moe.edu.cn/srcsite/A07/moe_737/s3876_zdgj/201507/t20150707_192813.html.

［3］ 张培，南旭光.大数据驱动职业教育治理创新的现实困境、逻辑要义与突破路径［J］.教育与职业，2018（12）：5-11.

［4］ 韩延明.理念、教育理念及大学理念探析［J］.教育研究，2003（9）：50-56.

［5］ 南旭光.大数据时代高等教育"循数治理"解析及实现路径［J］.中国电化教育，2016（8）：20-26.

［6］ 王战军，等.数据密集型评估：高等教育监测评估的内涵、方法与展望［J］.教育研究，2015（6）：29-36.

［7］ 王战军，乔刚.以新发展理念引领高等教育质量监测数据平台建设［J］.中国高教研究，2016（7）：25-30.

［8］ 龚佑红.基于状态数据平台的高职院校内部专业诊改研究［J］.教育现代化，2015（16）：286-288.

［9］ 林家好.内部教学诊改：高校质量保障体系建设的基础［J］.教育评论，2016(10)：23-25.

［10］ 南旭光，张培.大数据驱动现代职业教育治理：价值逻辑、机制设计与制度安排［J］.职业技术教育，2018（1）：27-32.

［11］胡祖辉，徐毅.大数据背景下高校教育数据的分析与应用研究［J］.现代教育管理，2017（1）：109-114.

（本文发表于《教育与职业》2019年第6期）

增值评价视角下高职学生质量诊改指标体系研究与实践

何 敏 陈中耀 重庆城市职业学院 重庆 402160

2020年6月30日，中央全面深化改革委员会第十四次会议审议通过了《深化新时代教育评价改革总体方案》，提出"改进结果评价，强化过程评价，探索增值评价，健全综合评价"，其中增值评价将成为学生、学校评价的新趋势和重要内容。针对作为高等职业教育重要参与主体、消费主体和承载主体的学生，基于增值评价理念开展全方面、多维度、全过程的质量评价对于提升学生学习体验、促进多元发展具有重要的意义，同时也是落实教育部关于开展教学诊断与改进工作的应有要求和建设中国特色高水平高职学校的内涵需要。

一、增值评价的理论基础

我国高等职业教育伴随着经济社会的高速发展取得了长足进步，经历了基本建设规范—内涵发展—高质量发展三个阶段，在此发展历程中，教育管理部门通过人才培养水平工作评估、人才培养工作评估和建设内部质量保证体系等方式促进了学校的建设和发展。从评估到自主质量保证凸显了顺应时代背景要求和评估评价理念的转变，更加注重从办学条件评价到内涵发展评价、从单一评价到多维评价、从综合评价到增值评价。

（一）增值评价的文献回顾

增值评价作为学生学业成绩和教师绩效评价的一种方法最早出现于美国，由 William Sanders 和 Robert McLean 两位学者以统计学视角对学生学业成绩进行统计评价。[1]随后增值评价不断应用于学校评价、教师评价等方面，其评价内涵也从单纯的学生学业成绩拓展为知识、能力、情感价值观等与人的全面发展的综合性评价。目前国内外不同的专家学者从不同的角度对增值评价进行定义，奥斯（2002）认为"增值是指大学教育能够积极影响着学生学业成绩、日后工作、生活。"[2]李双飞、蔡敏（2008）认为增值评价的理念和评价指标可以作为考核问责的重要依据。[3]阿斯汀（Alexander W. Astin）认为所谓增值是指对学习者接受教育后自身取得学业成就和对工作和生活带来的积极正面的影响程度。[4]也有学者从经济学投入产出的角度对增值作如下定义：所谓增值是指学生投入学习时间和缴纳学费，接受学校教学产品或服务以后所取得综合发展的增量，这种增量体现为知识水平、职业核心能力、技术技能、创新创业能力以及情感、价值观等方面。增值评价倾向于对于学习者知识、能力、综合素养等全面综合性，增值评价运用于学习者基础、过程以结果等全过程评价。

（二）增值评价相关理论

增值评价的理论基础主要基于大学生发展理论、学生参与理论、变化评定模型理论。既有对人的全面发展，学生参与和获取的借鉴，也有对科学评价学习者"输入—输出"的数学模型的借鉴。特别是结合高等职业教育的特点，增值评价更应该注重定性和定量的科学分析和全面、多元的有效评价。

1. 大学生发展理论

大学生发展理论起源于20世纪60年代，该理论主要从心理学、社会学等学科视角研究学习者个体与社会、环境的关系，揭示学生在大学期间的自我发展和成长规律。大学生发展理论关注学习者大学学习经历以及校园环境等影响因素对于学习成效的影响。大学生发展理论不仅强调学习者学习经历和重要影响因素，还尊重学生成长和发展的规律；[5]提倡不断提升学习者的专业知识、职业素养和技术技能，以及改进相关育人软环境。

2. 学生参与理论

学生参与理论是库恩在大学发展理论的基础上，研究学习者在学校学习期间的精力投入与学习收获之间的关系而提出的。该理论指出：学生在自我学习、课堂学习、学术活动参与、社会实践、校园文体活动等方面参与越多，其学习收获就会越大。学生参与理论关注的不是简单多元投入和最终的学习收获，而是强调学生投入与各阶段收获的过程变化。对于高职院校而言，该理论能合理引导学生有效投入足够的学习、实践及第二课堂精力，同时营造学生参与技术技能训练和素质拓展相关活动的良好氛围，促进德智体美劳全面发展。

3. 变化评定模型理论

变化评定模型理论是由帕斯卡雷拉在1985年提出的，他通过对学生发展的影响进行研究构建了5个变量的影响模型。该理论认为学生学习成效影响的因素既包括学习者自身的学习基础、学习能力和学习预期以及学习者学习期间的努力程度，同时还包括大学组织特征、办学条件和大学育人环境以及社会化过程中各种行动互动关系。该理论认为对学生发展影响最大的是校园育人环境、个人努力程度、人际关系，并且这三个要素之间存在相关关系。因此，开展师生关系以及大学校园育人环境等软资源应该作为影响学生发展增值评价的重要的因素，同时也是开展学生层面质量诊改重点关注的软性指标。

二、基于增值评价学生质量诊改指标构建研究

增值评价在国内外教学质量评价中得到了广泛的实践与运用,如美国的全美大学生参与度调查、加州大学本科生就读经验调查、清华大学发起的"中国大学生学习与发展追踪研究调查项目"等,其核心理念在于关注学生的入学基础、学习过程、参与度和学习成效,注重学生学习经历和体验。建立科学的质量保障体系,形成质量策划、质量过程、质量结果、质量改进的良性循环,将影响学生学业成绩的关键因素放在内部质量保证体系构建的全局高度进行审视,进而构建科学系统的诊断指标体系。本文对学生增值发展的学习体验者、学习参与者、学习承载者三种角色的影响因素进行系统分析,借鉴"8字质量改进螺旋",构建基于学习体验者的"四维十面"学生诊改指标体系、基于学习参与者的"三维十面"学生诊改指标体系、基于学习承载者的"三维十面"学生诊改指标体系,实现对学生学习状态、教育服务质量的监测、预警、诊断、改进、提高。

(一)基于学习体验者的"四维十面"学生诊改指标体系

坚持以学生为中心是新时代高职教育的根本遵循,高职教育不仅要服务于区域经济发展,更要服务于学生的全面发展。学生作为高职教育服务的体验者,对于教育服务活动的质量评价显得愈发重要。本文从教学策划、教学条件、教学实施、教学结果四个维度构建诊改指标体系,其中:教学策划维度诊断内容包括专业设置和课程设置满意度,教学条件维度诊断内容包括师资满意度、实践条件满意度和校企合作满意度,教学实施诊断内容包括课程建设满意度、教学资源满意度、课程实施满意度,教学结果诊断内容包括就业满意度和目标达成度。通过诊改大数据平台对诊断内容的监测、预警,不断改进和提升教学策划、教学条件、教学实施和教学结果的质量。见表1-1。

表1-1 基于学习体验者的"四维十面"学生诊改指标体系

角色类型	诊断维度	诊断内容	诊断点
学习体验者	教学策划	专业设置满意度	社会需求度、培养目标科学性、培养岗位的准确性、专业饱和度、培养方案科学性
		课程设置满意度	课程对职业能力支撑度、课程体系合理度、课程目标准确度、课程设计的合理度
	教学条件	师资满意度	教师数量、教师结构、教师职称学历、教师教学态度、教师教学能力、教师测评
		实践条件满意度	实践工位满足度、实践条件支撑度、实训项目满足度、文化内涵满意度。
		校企合作满意度	人才培养参与度、实习就业岗位对口率、职业能力提升度、实习满意度、实习就业支持度
	教学实施	课程建设满意度	课程目标准确性、课程建设规划可行性、实践教学合理性
		教学资源满意度	在线教学资源数量、电子教学资源数量、实践资源满足度、教材资源满足度
		课程实施满意度	课程体验满意度、课程运行满意度、考试考核优良率、成果作品完成率
	教学结果	就业满意度	就业率与对口率，就业起薪线、发展升迁率、优质就业比率
		目标达成度	双证书获取率、学业目标达成度、职业能力达成度、综合素质达标度、高水平竞赛获奖率

（二）基于学习参与者的"三维十面"学生诊改指标体系

教育活动是教授者与学习者共同参与有机互动的双向过程，高职教育质量提升不仅需要补齐教育服务条件和内涵资源的短板,更需要提升学生教育服务活动的参与质量。学生作为高职教育服务活动参与者,生源质量、学习投入等因素将影响教育教学质量。本文从生源质量、学习投入、参与环境三个维度构建诊改指标体系,其中:生源质量维度诊断内容包括学生的录取质量和结构质量,学习投入维度诊断内容包括时间投入、行为投入、认知投入、情感投入、学习效果,参与环境诊断内容包括学习风气、管理参与、制度保障。通过生源质量、学习投入、参与环境三个方面的诊断与改进,不断提升招生质量、强化学习引导、变革管理模式,为教育服务质量提升奠定基础。见表1-2。

表1-2 基于学习参与者的"三维十面"学生诊改指标体系

角色类型	诊断维度	诊断内容	诊断点
学习参与者	生源质量	录取质量	第一志愿填报率、录取率、报到率、录取分数线比较、录取指标比例
		结构质量	生源地区、类别结构比例、招生类型多元化
	学习投入	时间投入	在线学习时间、第二课堂参与度、企业实践时间
		行为投入	课堂抬头率、课堂互动率、课前预习率、作业作品完成率。
		认知投入	教学目标明确度、知识内化理解度、知识技能拓展度、问题解决的主动性
		情感投入	学习主动性、学习兴趣度、学习成就感、学习愉悦度、学习厌倦度
		学习效果	专业知识掌握度、专业技能提升、职业素养提升

（续表）

角色类型	诊断维度	诊断内容	诊断点
学习参与者	参与环境	学习风气	出勤率、旷课率、旷缺考率、违纪率
		管理参与	民主参与度、问题改进、建议采纳率
		制度保障	保障性制度、激励性制度等

（三）基于学习承载者的"三维十面"学生诊改指标体系

人才培养作为高职院校的主要职能，学生作为教育服务和教育培养的"产品"，其综合素质、技术技能水平直接决定社会对高职院校培养质量的评价，学生作为高职院校教育服务质量的承载者，高职教育必须重视学生就业服务、素质教育、职业能力培养、创新创业等工作。本文从就业质量、社会声誉、学生综合素质三个维度构建诊改指标体系，其中：就业质量维度诊断内容包括就业率、就业质量、职业发展，社会声誉诊断内容包括创新创业、标志性成果、社会服务、舆论报道、校友影响力，学生综合素质诊断内容包括职业技能与发展、职业素养与创新素质。通过对就业质量、社会声誉、学生综合素质的持续监测、预警和改进，不断提升技术技能人才培养质量和高职教育美誉度。见表1-3。

表1-3 基于学习承载者的"三维十面"学生诊改指标体系

诊断维度	诊断内容	诊断点	诊断因子
学习承载者	就业质量	就业率	年初就业率、一次性就业率、就业对口率

（续表）

诊断维度	诊断内容	诊断点	诊断因子
学习承载者	就业质量	就业质量	用人单位满意度、社会满意度、优质就业率，世界或中国500强就业率、就业起薪线
		职业发展	毕业生晋升率、创新创业率/就职企业发展前景
	社会声誉	创新创业	创新思维、专利技术数、创业项目数
		标志性成果	世界技能竞赛奖项数、技能竞赛奖项数、其他竞赛获奖数
		社会服务	企业技术服务、社会培训服务、"三下"乡影响力、公共服务影响力
		舆论报道	重要影响力媒体报道情况、学生竞赛报道数、舆论关注度
		校友影响力	优秀企业家、领导者岗位工作表现杰出、社会声誉高的校友比例
	学生综合素质	职业技能与发展	岗位胜任度、职业升迁率、雇主满意度评价、高水平技能证书获取率、专业技术职称比例、再学习能力
		职业素养与创新素质	雇主满意度评价、精益求精的工作态度、创新思维、责任担当意识、法治意识

三、开展学生增值发展质量诊改工作建议

（一）加强学生增值评价关键指标研究，提升本土化水平

美国及欧洲高等教育充分运用增值评价进行学习体验、就读经历、学习成效等调查，总结出适合学生增值评价的指标体系和评价工具。但高等

职业教育作为高等教育的一种类型，目前尚未形成科学成熟的指标体系和评价工具。在全面建设世界高水平职业院校和专业群，开展职业院校内部质量保证体系诊断与改进工作的背景下，我们不仅需要对国内外增值评价指标体系和实践经验加以合理吸收，同时更应该注重对职业技术教育和高职学生增值发展的关键影响因素进行研究和梳理，形成适合于高职院校的本土化的指标体系和评价工具。在增值评价过程之中处理好学生评价的综合化和个性化、认知性层面因素和非认知层面的因素、增值标准统一化和多元化的关系是促进学生自主诊断改进的主要因素。

（二）加强相关信息管理系统建设，开展大数据分析

从相关文献成果和国内外增值评价的实践经验来看，获得学生增值数据既涉及数据类型、结构的差异，同时还涉及学生增值数据获取的经济性和可信度问题。如何开展全过程、全员、全面的数据采集和进行结构化、模型化处理及智能化分析成为开展学生增值评价的难题。尽管职业院校开展教学诊断与改进工作的水平参差不齐，各院校的信息化水平也呈现出较大的差距，但在智能化、数字化时代的今天，信息管理已成为无法回避的问题。加强信息管理系统建设的关键在于明确学生增值评价的数据和管理功能需求，坚持以"业务平台＋微应用"的模式不断提高用户的体验感，进而实现无感知的数据采集。同时基于大数据中心和定制模型算法进行大数据智能分析，切实解决信息平台和数据采集分析的问题。

（三）强化增值评价结果运用，开展多维诊断改进

由于对教学诊断与改进理念认识不深，部分高职院校在确定诊改周期还显得不尽合理，如学生层面诊改的周期设置为一学年，学生质量生成的数据反馈频率就偏低，增值评价的结果运用就显得不足。因此开展基于增

值评价的学生质量诊改不仅需要解决"前一公里"的数据采集问题，还必须重视"最后一公里"的结果运用与持续改进问题。根据笔者的实践研究，在信息技术条件支持的条件下，学生参与性数据可以每月进行反馈和预警，帮助学生进行及时改进；而学生体验性数据则可以每季度进行反馈和预警，帮助学校相关部门进行诊断和改进；学生承载性数据往往可以在一个培养周期进行调查反馈，帮助专业建设及就业服务等方面进行改进。同时在高职院校治理体系和治理能力现代化建设的背景下，还要完善学生参与治理的流程制度、健全学生参与治理的组织机制，[6]将学生作为教学诊断与改进工作和相关评估认证元评价的重要主体，不断优化学校评估评价体系。

参考文献

[1] 刘志春.增值性学生评价探析［J］.现代教育论丛，2016（04）：35-37.

[2] 苏林琴，孙佳琪.我国高校学生学业增值评价研讨：兼评美国的研究与实践［J］.教学研究，2014（5）：21-26.

[3] 李双飞，蔡敏.美国熟练教师表现性评价及其启示：以加利福尼亚州为例［J］.外国教育研究，2008（11）：81-84

[4] ALEXANDER W A. Achieving educational excellence：A Critical As-sessment of Priorties and Practices in Higher Education ［M］. SanFrancisco：Jossey-Bass，1985：23，60-61.

[5] 李恋，胡元.以增值评价为基点的高校学生发展性评价体系探索[J].黑龙江教育，2017（03）：55-57

[6] 陈中耀，宋璐瑶，刘仲全.论学生的质量角色定位及其作用发挥——基于高职院校质量诊改的视角［J］.职教论坛，2019（2）：40-46.

基金项目

2018年重庆市教学改革研究重点课题"全面质量管理在高职教学诊断与改进工作中的应用与实践"（项目编号：182093，立项时间2018年7月，立项单位：重庆市教育委员会）；2018年重庆城市职业学院科研项目"基于增值发展理论的高职学生诊改研究与实践"（项目编号：XJJG201802021，立项时间2018年12月，立项单位：重庆城市职业学院）。

校企联合双导师双现场双评价育人模式探索与实践

王清江　王　悦　重庆工商职业学院　重庆　401520

一、前言

工学结合教学[1]是应用技术类高等院校人才培养质量提升的必由之路,校企深度合作育人是高职院校发展和企业技术技能型人才需求的必然选择。科技发展、技术进步,企业对应用技术型人才需求由粗放式向精细化转变。在"中国制造2025"及"工业4.0"的推动下,企业需要大批高素质应用技术人才和产业工人。中国劳动科学研究所发布的《2010—2020年我国技能劳动者需求预测报告》指出:未来,我国高技能人才队伍建设将面临三大突出矛盾,一是总量矛盾,二是结构性矛盾,三是社会发展过程中技能劳动者需求结构和形态特征不断变化矛盾。企业人才一方面靠企业内部培养,另一方面需要从社会招聘。职业院校是技术人才培养和输出的源头,但现阶段,职业院校的专业教学对接产业发展不够紧密,教材陈旧,课程内容与产业发展适应度不够,"双师双能"型教师队伍缺失等都导致了人才培养质量不能满足产业高质量发展的需要[2]。高职人才培养与企业人才需求之间的不平衡不充分的结构性问题突出，导致企业人才缺乏和大学生就业艰难两大社会问题[3]，而解决之道唯有校企合作育人模式的深入推进和改革。

二、"三大需求"奠定校企联合育人基础

（一）学校高质量人才培养需要和企业高素质人才需求是校企联合育人的直接基础

教书育人是学校的根本任务[4]，提升人才培养质量，培养社会需要的人才，服务产业和企业发展，决定了学校应与企业紧密合作，才能推动企业的发展，同时成就自己的发展。企业的发展离不开人才，没有一批富有开拓创新精神的人才，企业发展将缺乏后劲，难以实现高质量发展。企业人才一来自自身培养，二来自外部招聘，而外部招聘最直接的来源就是学校，因此，企业发展离不开学校人才有效供给。

（二）学校技术研发实现和企业科技进步需求是校企联合育人的发展基础

科学研究是学校四大任务之一，对高职院校来讲就是应用技术研发与传承。如果应用技术研究脱离生产一线，那就是空洞的理论研究，将是无源之水，研究成果也无法转换成生产力。因此，学校的科研迫切需要以企业的生产基地为研发平台，以实际技术问题为对象，与企业开展联合研发和技术攻关。企业要技术创新、精细化管理、提高生产效率、实现更高的经济效益，仅靠自身的动力和能力，难以超越式发展。因此，有追求的企业也迫切需要借助外部力量，推动技术进步，才能创造更高的效益。

(三)学校社会服务能力提升和企业员工培训需求是校企联合育人的内在基础

社会服务是学校的四大任务之一,高职院校的办学应植根于国家及地方经济的发展,对接产业发展,面向企业需求,开展产业前沿技术及先进精细化管理等方面的培训,为企业提供技术咨询服务,为企业员工提供深造机会和培训平台。企业员工多忙于生产,估算眼前利益,却往往忽视了自身的学习和提升,导致国家鼓励企业员工教育的政策落不到实处。但是新时代"互联网+"思维正悄然改变着我们生活的方方面面,新技术层出不穷,企业员工需要不断的学习、创新,以保持和提升其自身的能力,为企业创造更大的价值。

三、校企合作育人现状分析

(一)校企合作育人形大于实,人才培养质量亟待提升

当前,高职校企合作育人多浮在表面,学校年度质量报告对外言称校企合作如何深入,其实际情况却是:企业无动力,被动应付;学校有干劲,单方努力;结果是合作难以深入,企业只关注自己的效益,学校"独立"办学,形成学校培养的学生难就业与企业无人可用的结构性矛盾。导致的结果是:招聘的员工难以满足企业需要,有的特殊岗位经企业招聘后,还需要用半年左右的时间开展培训才能上岗,形成如前所述的尴尬情况。其根本原因在于,高校人才培养需求分析不清、人才培养定位不准,既误人子弟,又影响学校的生存和发展。

(二)校企合作科研不深入,研究项目针对性不强

校企合作联合开展科研工作是高校与企业优势互补、互利共赢,共同在某一领域开展联合技术攻关的直接方式。高校拥有一批高职称专业技术

人员，具有完成某一技术领域的科学研究与应用研发的智力资源。企业在生产中不时会遇到各种各样的技术难题，需要开展校企联合技术攻关的直接需求。但现阶段校企合作不够深入，高校教师开展科研工作与企业需求结合不够紧密，多是为完成任务或评职称而开展科研，就科研而科研，开展的科研项目与企业生产和行业技术进步联系不多，且多是"借壳生蛋"，高校科研多以理论研究为主，背离了应用技术研究示范与推广的初衷。企业多以追求效益为第一目标，也缺乏科研技术人员，且多数企业认为技术再研发是科研机构的事。打通智力资源供给与行业技术发展需要之间的壁垒，推进应用技术研发与传承亟须校企深入合作。

（三）员工培训需求分析不准，培训目标难达预期

行业在发展，科技在进步，新技术层出不穷，企业需要不断培训自己的员工，以了解行业的发展情况，掌握新技术实现提升生产效率的目的，同时，增强企业在业内的竞争力。企业培训员工渠道一是自己培养，二是委托高校开展订制培训，两个培训渠道相比，限于企业自身的培训能力，多是采取第二个方法委托高校订制培训。但现阶段，因高校与行业接触较少，业务上也不受行业管制，故造成多数高校并不了解行业发展情况，对新技术掌握得也并不多，所以，企业培训目标多难以达成。

四、校企联合育人模式构建探讨

（一）校企联合共育人才

最理想的校企合作应是企业与院校的深度合作[5]，各方为共同的目标，自觉参加到人才培养之中，但现阶段因各种条件限制，尚达不到企业自觉参与人才培养的目标。因此校企应联合构建"双导师、双现场、双评价"共育人才培养模式，校企双方拥有联合的基础和共同的人才培养目标，校

企双方共派导师，负责班级兼职班主任，共同指导学生完成专业认知、现场认知和岗位认知，共同指导学生完成职业规划。在此基础上，另选派多名企业导师，由校企两名导师共同完成一门专业核心课程的教学任务，两名导师在教学中的任务各有侧重，校内导教师负责课程理论部分教学，企业导师负责课程实践部分教学。教学场所选择课程理论部分教学在校内教学场所（教室与校内实训基地）完成，课程实践部分在企业生产现场完成，以企业生产线为教学基地，以企业导师为主，校内导教师辅助共同指导学生完成课程实践教学。这样在实践教学过程中既可弥补企业导师教学方法不足影响教学效果的问题，又可培养锻炼校内教师的实践能力。专业核心课程教学效果评价由校企双导师共同给出，评价以课程培养知识、能力和素质目标达成情况和实际岗能力掌握程度评分，给出学生学习的综合成绩。

（二）校企融合共育人才

构建校企融合"双主体、双导师、双现场、双评价"共育人才培养模式，其实质是企业与高校的融合发展，在人才培养上推行双主体培养，校企混合式办学或联合办学。企业与高校在双方目标融合统一基础上，双方共同完成人才培养。"双主体"意味着企业从配合角色转变为人才培养任务的完成者，意味着企业在完成人才培养的同时，实现自己的经营目标，包括经济效益目标和社会责任目标。在此基础上，校企双方为共同的目标和发展需要，实现真正意义上的"共建课程资源、共享教学科研资源、共建师资团队、共同完成每一堂课程教学、共同检验评价学生学习效果"，这是校企融合发展的终极模式。

重庆工商职业学院城市轨道交通工程技术专业是重庆单轨工程有限公司与重庆工商职业学院校企合作共建专业，在专业建设过程中，校企双方联合制定了人才培养方案，合作开发课程资源，旨在培养城轨工程建设、维护岗位专业技术人才。教学过程中，选取了一个试点班开展"校企联合双导师双现场双评价育人"模式实践。试点班由一名校内辅导员和一名企业工程师共同担任导师，指导学生职业规划等。试点班每门专业核心课程由一名校内教师和一名企业工程师共同承担，校内教师负责课程理论部分教学，企业工程师负责课程实践部分教学，教学地点由校内教学场所转变为校内教室和校外企业生产现场双场所教学，课程实践教学时，校内教师作为助教与企业工程师共同完成实践课程教学，课程工作量根据校企导师承担任务量分摊。教学效果评价由校内导师与企业导师共同完成，依托学生知识、能力目标完成和岗位任务完成情况给出评分。在试点班两年实践过程中，学生学习效果明显提升。

五、校企联合育人长效机制探讨

（一）政府制度保障

政府制度保障是指政府以行政手段制定鼓励措施，激励企业积极参与学校的育人工作。这对校企合作育人有着重要保障作用。

建立健全企业参与校企合作育人的激励制度。经济上，建立企业参与校企合作育人激励政策，如企业参与合作育人，可享受税收减免等政策，对企业参与教学给予一定补偿；社会信誉上，将企业参与教学育人工作纳入企业的社会信用评价体系，给予校企合作企业一定的社会信用评价分值，鼓励企业积极参与教学育人。

构建行业行政主管部门对应用技术类高等院校共治的长效机制。现阶段，仅有少数原隶属行政行业管理的高校与行业及其行政主管部门保持着紧密联系，对行业发展动态较熟悉，教学与行业发展联系也较紧密。但更多的高职院校与行业没有直接关系，隶属于教委管辖，行业行政主管部门对这些高职院校既无行政管辖权，也无业务指导义务，就造成了高职院校与行业联系不紧密，对行业的发展趋势也无从把握，人才培养偏离了行业发展需要。因此，需构建行业行政主管部门对高职院校管理的联席会议制度，定期召开会议，公布行业发展情况和人才需求情况，使高职院校及时把握行业、产业发展动态，编制针对行业、产业发展的课程体系、标准，为企业开展有针对性的行业、产业发展员工培训，引导教师开展服务行业、产业发展的科学研究等。

构建企校对口支援互助机制，以行政指令等方式，引导和强制性要求企业与高职院校结成互助对子，充分发挥高职院校与企业双方的优势，在教学、技术攻关科研、员工培训等方面深度合作，共同发展。

（二）社会舆论引导校企联合发展机制构建

开展公益性讲座、职教论坛等，提高企业与高职院校联合发展双方的认可度，推动校企合作。通过社会舆论引导校企合作，高职院校以教学育人、文化传承、科学研究和社会服务为己任，高职院校社会服务应是以推动产业发展为目的，直接服务企业技术改进和应用技术研究。企业除关注效益外，社会贡献度、社会信用评价、技术提升研究及人才需求等，也应关注参与高校教学工作。

（三）企校科研合作，推动双方共同发展

如前所述，现阶段因校企合作不够深入，高职院校科研针对性不强，造成高职院校教师科研项目无法转化成生产力，企业又急需技术提升，双方需求无法达成一致。目前，各高职院校大多成立了政行企校合作发展理事会，每年定期召开会议，研讨人才培养和学校发展事宜。但企业与高职院校的联席会议制度多没有建立，企业的生产技术提升需求高职院校无从获知，也就不可能有针对性地开展研发。故急需构建校企合作，联合科研机制，促进双方共同发展。

六、结语

　　校企合作工学结合教学模式、校企联合导师制育人模式和校企融合双主体育人模式,是高职院校人才培养质量提升行动的必由之路,是企业解决人才需求的根本途径。三个校企合作阶段递进发展,最终实现校企融合人才共育。但现阶段因各方条件的限制,多以校企合作工学教学模式为主,校企联合订单班人才培养虽逐步增多,但总的来讲尚未形成长效育人模式。文中从需求出发对"校企联合双导师双现场双评价育人"模式进行了探讨,具有普适性,对高职院校人才培养具有一定指导和借鉴作用。

参考文献

［1］　中华人民共和国国民经济和社会发展第十三个五年规划纲要［EB/OL］.（2016-03-17）［2022-01-01］. http：//www.gov.cn/xinwen/2016-03/17/content_5054992.htm.

［2］　国家中长期教育改革和发展规划纲要（2010—2020年）［EB/OL］.（2010-07-29）［2022-01-01］. http：//www.moe.gov.cn/srcsite/A01/s7048/201007/t20100729_171904.html.

［3］　教育部关于推进高等职业教育改革创新引领职业教育科学发展的若干意见［EB/OL］.（2011-09-29）［2022-01-01］. http：//www.moe.gov.cn/srcsite/A07/s7055/201109/t20110929_171561.html.

［4］　教育部关于开展现代学徒制试点工作的意见［EB/OL］.（2014-08-27）［2022-01-01］. http：//www.moe.gov.cn/srcsite/A07/s7055/201408/t20140827_174583.html.

［5］　曹美红,赵丽萍. 构建我国现代学徒制面临的障碍——基于制度学的剖析［J］. 职教论坛.2017（3）：44—48.

共同治理视阈下职业院校教学诊改机制研究

沈铁松　重庆工商职业学院质量办　重庆高职诊改专委会秘书处

中共中央办公厅、国务院办公厅印发《关于深化教育体制机制改革的意见》，再次强调"要完善提高职业教育质量的体制机制"，[1]切实提升职业院校治理能力和办学水平。深化职业教育体制机制改革，重在围绕教育质量落实政府、行业、企业、学校等院校治理相关方的主体责任，关键在落实学校作为内部治理主体的责任。教学诊断与改进工作制度要求，在学校、专业、课程、教师、学生五个层面构建"8字质量改进螺旋"，形成自我诊断与改进工作机制，[2]其根本就是落实主体责任，推动学校内部"管理"向"治理"转变，完善职业教育治理体系，提升院校内部治理能力。

一、教学诊改工作的逻辑起点

（一）教学诊改工作的缘由

职业院校教学工作诊断与改进，又称"内部质量保证体系诊断与改进"[3]，简称"诊改"，是根据教育部《关于建立职业院校教学工作诊断与改进制度的通知》（教职成厅〔2015〕2号）、《关于印发〈高等职业院校内部质量保证体系诊断与改进指导方案（试行）〉启动相关工作的通知》（教职成司函〔2015〕168号）文件精神开展的一项工作，其根本目的是提升我国职业教育人才培养质量，培育"大国工匠"。

诊改要求学校根据自身办学理念、办学定位、人才培养目标，聚焦专业设置与条件、教师队伍与建设、课程体系与改革、课堂教学与实践、学校管理与制度、校企合作与创新、质量监控与成效等人才培养工作要素，查找不足与完善提高。[4]

诊改是教育"管办评"分离下政府推进教育治理的一种创新手段。诊改是要建立职业院校内部质量保证体系持续诊断与改进的工作制度，是质量保证的一种新方式。职业教育发展已经经历了从规模扩张（1995—2005年扩建职业院校）到项目驱动（2005—2015年示范骨干院校建设），再到质量特色阶段（2015年开始的教学诊改工作）。诊改标志着我国职业教育发展进入到一个新阶段。

（二）教学诊改工作的定位

诊改是现代全面质量管理和野中郁次郎（Ikujiro Nonaka）知识螺旋理论在职业教育领域的创新与实践，是新时期我国职业教育领域一项重大综合改革。没有经验可以借鉴，"摸着石头过河"是当前职业院校内部质量保证体系诊断与改进工作制度推行以来的真实写照。该怎么做？有些院校依然在观望，即使学校层面制定了诊改工作实施方案，提出了总体思路、工作任务和实现路径，校内各院系和职能部门也依然不知该如何切入落实，总觉得又多了一项工作，甚至把诊改等同于评估工作，要模板做材料。毫无疑问这是对诊改的曲解。杨应崧明确提出诊改并非"管办评分离"中的"评"。[5]诊改应该是"管办评分离"中的"办"，是学校办学治校的抓手，体现学校内部治理能力。因此，诊改已经超越了人们平常所理解的就质量本身谈质量管理的范畴，上升为一种工作理念，深深地嵌入到学校日常教育教学管理当中，折射到学校内部治理体制改革，最终形成"可持续的诊断与改进工作机制"。为此，必须从院校内部治理的视角，深刻领悟并把握诊改所蕴含的现代管理学内涵。

二、准确把握教学诊改工作与院校治理的内在关系

（一）诊改要落实目标管理

诊改坚持目标导向，要有目标、有标准，让每一个质量生成主体对标诊断，找到差距，持续改进，形成质量改进螺旋。目标确立是诊改工作的第一步，每一个质量生成主体只有确定了未来要达到的目标，才能在工作学习过程中不断对标诊断，发现问题，及时改进。学校发展的目标是通过学校事业发展规划来呈现，具有权威性、科学性和约束性。运用目标管理手段，将学校发展目标逐层分解落实到院（系）、专业团队、师生等质量生成主体头上，构建诊改的目标体系。学校职能部门主动为质量生成主体完成目标，提供承担起资源保障、支持服务、监督控制之责，并承担连带责任。目标管理的核心，是协调个人目标与学校发展的一致性，要避免以下三种情形的出现：过分强调目标的明确性所带来的个人短期行为，过于强调目标的规划性而造成执行僵化，过分强调目标到人而削弱集体协作。

（二）诊改要关注组织行为

诊改与企业质量管理理论根本的区别在于，诊改是基于师生之间教与学的行为，而非生产线上的物理产品进行质量管理。行为状态表象具有极强的主观能动性，也很难用数据准确全面刻画所要达到的质量标准。

"以人为中心"是诊改的核心，教育活动最核心的要素就是教师与学生。如果一个学校教师素质不高，或者教职员工的积极性未调动起来，学

生游离于教学之外，那么，这个学校办学条件再好，办学经费再充足，信息化水平再高，也都无法提升教学质量。

诊改强调自治，"鞋合不合脚，只有自己最清楚"，为此要加强对本校教师学生的心理与行为的研究，通过完善诊改工作机制设计和制度安排，引导个体、群体或组织的行为，确保个体目标与组织目标的一致性，激发内在动力，实现自我诊断与改进。

（三）诊改需要绩效管理

诊改工作同时坚持目标问题导向，通过绩效管理，引导质量生成主体不断对诊改的业绩或效果进行自我测评。问题是否解决？工作是否达到预期效果？将测评结果作为再诊改的起点。考核性诊改制度设计的根本，是保持学校发展目标与质量生成主体需要同心同向，将绩效考核的外部压力转化为质量生成主体的内生动力。

（四）诊改要坚持循数治理

"互联网+"时代，循数治理成为现代社会治理的重要方式。循数治理的关键在数据，学校教育教学行为数据是"诊"的依据、"改"的基础，数据将决定诊改的成败。当前，大部分职业院校缺乏数据，尤其是教育教学的过程性数据。实现无感知采集教育教学过程性数据，构筑大数据池，是循数治理的第一步。依托大数据池和云计算技术，根据教学诊改各级主体的需要，进行数据分析与趋势研判，向各级诊改主体实时呈现目标达成度，并进行预警。

（五）诊改离不开业务流程再造

要实现循数治理，必须进行业务流程再造。传统的教学方式和教育管理流程是不能支撑校本数据中心或者智能校园建设，更无法为诊改提供所需的过程性数据。为此，可以借鉴企业信息化的一些经验，坚持工作流与信息流有机统一，按照全面质量管理的思想，优化业务流程，简化程序，推进网上业务办理和教学信息化改革，保证数据全面、客观、实时、准确，提升管理能力与信息化水平。

（六）诊改最终是文化养成

学校长久以来形成的教育教学运行模式，已经深深地桎梏了人们的思想与行为，在没有外部干预下很少有人想或者愿意去改变。行为惯性制约了诊改工作的推进，因此，诊改的首要任务就是提升思想认识，凝聚共识，打破现有运行与评价制度藩篱，建立以质量为核心的学校内部治理体制机制，逐步形成现代职业教育质量文化。[6]

三、以教学诊改工作提升院校内部治理能力

当前，诊改依然处于探索阶段，职业院校要适应"管办评"分离要求，系统、协调、稳步推进全校教学、管理、服务等方面的改革，抓重点、补短板、强弱项，做好做实基础基层性工作，夯实诊改工作的基础，提升院校内部治理能力。

（一）牢固树立诊改工作理念

全校上下要深刻领会教育部、上级主管部门有关教学诊改工作的文件精神，学习领会全国诊改专家观点，借鉴试点院校好的经验做法，树立正确的诊改工作理念，保证教学诊改工作方向的不偏不倚。在此基础上，不断自我变革，努力改变现有的不利于诊改或者不符合诊改理念的工作方式和工作模式，建立以诊改理念为核心的工作方式。全校干部、管理人员、教师、学生都要懂诊改、会诊改、愿诊改，将教学诊改理念贯穿到现有日常工作中去，逐步完善以诊改为导向的教育教学工作制度和业务流程。

（二）处理好质量主体间的相互依存关系

教学诊改工作的推进是一项系统工程。校内各单位之间的工作是相互关联的，存在某种质量依存关系。要以学校"十三五"事业发展规划为统领，着重做好跨部门之间的沟通协调，构建学校、二级院（部）、教研室上下联动、校内各单位之间相互依存的学校诊改目标、标准体系。学校、二级院（部）、专业、课程、教师、学生都是质量生成主体，都必须有诊改的目标与标准。在学校内部质量保证体系"五纵五横一平台"的整体框架下，校内相关单位之间在制定各自的目标与标准时，要加强沟通协调，保证目标、标准的上下衔接、左右呼应，避免目标标准冲突或者缺失的情形发生，形成完整的目标与标准体系。尤其是要建立起重大问题沟通协商机制，针对遇到的重大问题进行研讨协商沟通，提出整体性的解决方案。

（三）坚持问题目标导向的工作方式

坚持以质量为核心，不唯上不为书只为实，转变工作方式，弱化行政管理，强化学校内部治理，重视职业教育利益相关方参与共治。一直以来我国职业院校都是采用行政管理方式，习惯于接受上级指令，都是唯教育主管部门是从，唯学校领导是从，工作缺乏目标。即使制定有学校事业发展规划，也只是墙上挂挂，难以落到实处。转变工作作风，就要坚持目标导向、问题导向。将"十三五"规划作为办学的行动纲领，规划实施过程中坚持问题导向，对因外部环境变化等因素造成的问题，要及时向相关职能部门反馈，及时研究解决方案，及时解决化解矛盾，在持续的诊断与改进中全面完成"十三五"规划任务。

（四）以制度落实各级质量主体责任

完善学校章程，建立党委领导、校长负责、教授治学、民主管理、依法治校、社会参与的职业教育内部治理体系，推进学校治理体系现代化，从行政管理走向共同治理。[7]在此顶层设计基础上，进一步明确学校、院系、教研室三级组织在"三全"育人与全面质量保证中的权利与责任，突出院系在专业建设、教学管理、校企合作、学生工作等方面的主体责任，给予院系更多的办学自主权，人、财、物等资源配置权。学校各职能部门代表学校行使治校权力，落实为二级院（部）办学提供资源保障与政策支持服务的主体责任。教研室作为基层教育教学组织，类似于工厂车间，是人才培养与教学改革的基础，是连接教师与学校的纽带，是质量诊改目标落实到教师个人的关键环节。从制度层面完善自我诊断与改进的工作机制，明确学校职能部门、二级院（部）、教研室三级组织的质量主体责任，并给予相应的资源配置权力，发挥各级主体的主观能动性，激发想干事的活力。

（五）推行岗位职责标准化与工作流程规范化

细化量化所有岗位标准，理顺工作业务流程，明确业务质量控制点，夯实诊改基础。在明确部门职责与权限基础上，按照SMART原则将岗位职责标准化、具体化，制定全员岗位职责、任职条件、工作要求、工作标准等，形成可量化、可观测的岗位标准体系。在岗位标准基础上，建立和完善专业标准、课程标准、教师发展标准、学生全面发展标准，确立质量标准维度及具体质量控制点，构建人才培养质量标准体系。

将教学诊改融入日常工作，不断改进完善学校日常教育教学业务制度，理顺工作业务流程，提升线上业务办理水平。一是要根据网上业务办理的特点，改进部门业务制度，要坚持业务流与信息流有机统一，提高数据的客观性、实时性与准确性，保证过程性数据的实时性采集与仓储。二是要转变观念，坚持"小机关大服务"，落实二级院（部）办学自主权，做好"放管服"改革，明确权力清单，划定责任界限，从管理转向服务，从被动转向主动，从直接控制转向机制调控，切实提升教育教学服务效能。

（六）建立诊断性考核制度，形成诊改外部动力

教学诊改工作推进初期，质量文化尚未形成，质量主体意识不强，只有借助考核性诊断由外力推进，形成"8字质量改进探索螺旋"的下螺旋，最终内化为质量生成主体的自我诊改的内生动力，形成"8字质量改进探索螺旋"的上螺旋。按时推进并完成"十三五"规划目标任务是诊改工作的根本。通过将"十三五"规划目标任务层层分解，责任落实到人，并将目标任务的完成情况作为其工作绩效考核的依据。二级院（部）学校"十三五"规划任务的具体实施者，承担第一主体责任。教务、人事、科技、校企合作等相关职能部门承担学校"十三五"规划相应任务完成情况的连带责任，有义务有责任为二级院（部）创造条件，提供政策支持与经费保障。加强过程性考核，建立定期督察制度，各单位内部每周自查一次，学校每月组织一次抽查复核，掌握本周期工作的诊断与改进情况，以此作为单位和个人绩效考核的依据。逐步建立教师个人考核性诊改机制，形成每一位教师个人的目标—标准—诊断—改进的小循环，学院层面的专业教师团队发展目标—标准—诊断—改进的中循环，学校层面的师资队伍发展目标—标准—诊断—改进的大循环，环环相扣，激发主观能动性，提升服务人才培养质量。

（七）以智能校园建设推进循数治理

不断改进工作方式，切实提升网上业务办理水平，简化工作程序，优化工作流程，强化格式化、过程性数据的实时采集，重视数据状态呈现与预警，服务教学诊改，提升人才培养质量。

为此，一要建设校本数据中心。打通现有管理信息系统与数据中心的交换通道，破解现有信息孤岛，整合信息资源，推进跨部门之间业务数据实时互联互通，形成校本人才培养状态数据平台。二要大力推进网上业务办理和教学信息化。以反映学校教育教学活动状态为主，建立基于工作流

的数据采集制度，增加过程性数据采集，实现以事件为核心的人、财、物动态数据采集与仓储，切实从教学改革、课堂教学、实验实训、师资队伍、学生发展、校企合作、服务社会、毕业生就业满意度、社会满意度等项目全面实时反映人才培养工作状态。三要做好数据挖掘与统计分析工作。基于大数据挖掘技术，针对学校、专业、课程、教师、学生五个要素的质量标准和评价维度，做好质控点的数据分析工作。

参考文献

［1］ 中共中央办公厅、国务院办公厅《关于深化教育体制机制改革的意见》［Z］.2017-9-24.

［2］ 教育部办公厅关于建立职业院校教学工作诊断与改进制度的通知［EB/OL］.（2015-06-23）［2022-01-01］.http：//www.moe.edu.cn/srcsite/A07/moe_737/s3876_zdgj/201507/t20150707_192813.html.

［3］ 教育部职业教育与成人教育司《关于印发〈高等职业院校内部质量保证体系诊断与改进指导方案（试行）〉启动相关工作的通知》［Z］.2015-12-30.

［4］ 任占营.职业院校教学工作诊断与改进制度建设的思考［J］.国家教育行政学院学报，2017（3）：41-46.

［5］ 杨应崧.教学质量要"医院体检"，更要"自我保健"［N］.中国教育报，2015-10-29（10）.

［6］ 袁洪志.高职教学诊改应重点做好三件事［N］.中国教育报，2017-10-31（11）.

［7］ 胡展飞.高职院校治理范式的改革［N］.中国教育报，2017-12-18（11）.

（本文发表于《继续教育》2018年第8期）

基金项目

2018年高等教育教学改革研究项目"高职院校质量诊改内生动力机制研究"（项目编号：183261，立项时间2018年7月，立项单位：重庆市教育委员会）；

全国高职院校学生在校体验特征分析

——基于2019年《高等职业教育质量年度报告》的数据分析

陈中耀　宋璐瑶　刘仲全　重庆城市职业学院　重庆　402160

　　《中国高等职业教育质量年度报告》已连续发布9年，质量评价指标体系已逐步完善和优化，呈现出引导院校服务区域经济，强化第三方评价监测功能，关注学生成长成才的核心质量的特点。[1]2019年的《高等职业教育质量年度报告》（以下简称"质量年报"）增加了学生反馈表，关注高职院校学生学习满意度和活动参与度。学生是高职教育的消费者与参与者，也是高职教育诊改工作的重要层面，学生对教学服务的满意度和在校参与度是评价高职教育质量、诊断教学服务的重要依据。本文通过对全国各高职高专院校上报的2019年质量年报中的学生反馈表进行数据统计和比较，分析全国高职院校在学生体验方面的特征，提出了改进和提升学生体验的措施，为高职院校开展教学诊断改进工作、提高人才培养质量提供参考借鉴。

一、研究设计

（一）研究对象

　　质量年报是高职院校全方面展示教育质量、接受社会监督评价的重要形式，也是高职院校对比学习、不断提升质量的重要途径。2019年质量年报新增了学习反馈表，是强化和重视教育主体满意度的体现。本文聚焦于学生反馈表，以27个省、直辖市高职院校为研究单位，以学生反馈表为研究对象，以大一、大二在校学生满意度和学生在校活动参与度体验为研究内容，具体指标体系见表1-4。

表1-4 学生反馈表（在校体验）指标体系

一级指标	二级指标	指标点
学生满意度	教书育人满意度	课堂育人满意度
		课外育人满意度
	课程教学满意度	思想政治课育人满意度
		公共基础课（不含思想政治）满意度
		专业课教学满意度
	管理和服务工作满意度	学生工作满意度
		教学管理满意度
		后勤服务满意度
学生在校活动参与度	志愿者活动学生社团参与度	志愿者活动时间
		参与社团的学生人数
		学生社团数
		在校学生数

（二）研究方法

本文主要采用数理分析法与定性分析法，以年报所包含的学生反馈表为研究样本，对省市间、东中西部区域间的学生满意度和学生在校活动参与度差异，大一大二学生在校体验差异，教书育人、课堂教学、管理和服务工作满意度数据差异，以及在校活动参与度分布差异等分别进行数据统计与分析。在基于客观数据分析与呈现的基础之上，通过归纳与分析，概括全国高职院校学生在校体验总体表现，总结全国高职院校学生满意度和在校活动参与度的发展特征与存在问题。

二、2019年质量年报中学生体验数据的统计分析

（一）各省份在校体验数据比较

在校体验包括学生满意度与学生社团参与度，其中，学生满意度=（教书育人满意度+课堂教学满意度+管理与学生工作满意度）/N，学生社团参与度=参与社团学生数量/全校在校学生总人数。通过数据统计，全国各省、自治区、直辖市学生总体体验数据见表1-5。

表1-5 全国各省、自治区、直辖市学生满意度及学生在校活动参与度排名

学生满意度（%）		学生在校活动参与度			
		志愿者活动时间（日/人）		学生社团参与度（%）	
地区	满意度	地区	时间	地区	参与度
山东	96.05	浙江	1315	浙江	169.73
上海	94.53	湖北	413	山东	103.93
江苏	94.36	贵州	44	江苏	85.54
浙江	94.33	北京	24	甘肃	82.7

(续表)

学生满意度（%）		学生在校活动参与度			
		志愿者活动时间（日/人）		学生社团参与度（%）	
黑龙江	94.07	山东	16	云南	77.58
吉林	94.04	江苏	11	北京	77.22
北京	93.46	四川	9	天津	73
河南	93.41	广东	9	四川	72.48
湖北	93.19	安徽	9	贵州	69.7
江西	92.91	湖南	8	广东	67.36
河北	92.50	海南	6	吉林	61.87
湖南	92.34	陕西	5	内蒙古	60.94
重庆	92.15	云南	4	湖南	60.73
陕西	92.02	河北	4	上海	59.16
安徽	91.92	山西	4	河北	58.72
天津	91.79	吉林	3	陕西	58.56
内蒙古	91.69	河南	3	湖北	56.9
福建	91.63	甘肃	3	江西	56.21
新疆	91.59	新疆	3	安徽	55.89
青海	91.13	重庆	2	重庆	52.91
贵州	90.79	江西	2	山西	49.83
山西	90.71	内蒙古	2	河南	42.19
云南	90.50	天津	2	黑龙江	41.03
海南	90.00	上海	1	新疆	37.90
四川	88.46	黑龙江	1	海南	34.88
甘肃	86.30	青海	1		

（续表）

学生满意度（%）		学生在校活动参与度		
		志愿者活动时间（日/人）		学生社团参与度（%）
广东	78.88			
全国平均	91.66	全国平均	89	全国平均	68.02

注：1. 所有数据按降序排列。
2. 福建由于学生参与志愿者活动时间数据缺失，排除在外。
3. 青海、福建由于学生参与社团人数统计方式不同或学生社团人数数据缺失，排除在外。
4. 在校学生志愿者时间为平均每名学生志愿活动时间。
5. 学生参加社团人数指学生分别参加不同社团的人数。

1. 学生满意度分析

由表1-5可以看出，山东、上海、浙江、吉林、黑龙江学生满意度较高，其中，山东以96.05%居全国第一；云南、海南、四川、甘肃与广东学生满意度较低，其中，广东仅为78.88%居全国最后一名。全国学生平均满意度为91.66%，其中，17个省、自治区、直辖市学生满意度高于全国平均水平，另外10个省、自治区、直辖市学生满意度低于全国平均水平。

2. 学生活动参与度分析

由表1-5可以看出，绝大部分省、自治区、直辖市的在校学生志愿活动时间较少，浙江省几乎"一枝独秀"，表明在高职院校中，可能存在学校对学生志愿者活动不重视，或学生参与志愿者活动、社会服务类活动积极性较弱的问题。

由表1-5可以看出，浙江、山东、江苏、甘肃、云南学生社团参与度较高，其中，浙江以169.73%居全国第一，表明浙江高职院校在校学生同时参与多个社团现象最为显著；山西、河南、黑龙江、新疆、海南学生社团参与度较低，其中，海南仅为34.88%，居全国最后一名。全国学生社团参与度为 68.02%，其中，仅 9 个省、自治区、直辖市学生社团参与度高于全国平均水平，另外 18 个省、自治区、直辖市学生社团参与度低于全国平均水平。

（二）东部、中部、西部高职学生在校体验数据比较（表 1-6）

表 1-6　东部、中部、西部学生在校体验数据比较

区域	学生满意度（%）	教书育人满意度（%）	课堂教学满意度（%）	管理和服务工作满意度（%）	学生在校活动参与度 志愿者活动时间（日/人）	学生在校活动参与度 学生社团参与度（%）	省、直辖市、自治区数量（个）
东部地区	91.75	92.54	92.32	90.66	155	83.11	10
中部地区	92.82	93.31	94.13	91.20	62	53.12	8
西部地区	90.51	91.02	91.26	89.44	12	74.95	9
全国平均满意度	91.66	92.27	92.50	90.41	89	68.02	27

注：学生志愿活动时间、社团参与度分别只有 26、25 个省、自治区、直辖市参与计算。

学生在校体验数据一定程度上反映该区域高职教育是否注重学生的主体地位，是否在教育氛围内关注学生的成长需求与情感诉求。由表 1-6 以看出，中部地区在学生满意度（包括教书育人、课堂教学、管理和服务工作满意度）方面均居第一，东部地区在学生满意度方面排第二，西部地区排第三；其中，东部地区与西部地区平均学生满意度高于全国平均满意度，西部地区则低于全国平均满意度。总体来说，地区经济、社会发展程度与学生满意程度存在一定的正相关关系。

在志愿者活动时间方面，由于浙江省超高的人均活动时间，极大地拉高了东部地区平均人均活动时间，剔除浙江省，东部其余 9 省市平均人均

活动时间约10日/人；中部地区平均人均志愿活动时间为62，得利于湖北省高达413日/人的数据，剔除湖北省，东部地区平均人均志愿活动时间仅为5日/人；西部地区由于贵州省人均志愿活动时间较高，提升了西部地区整体数据，剔除贵州省，西部地区平均人均志愿活动时间仅约为4.5日/人。总的来说，东部地区整体志愿活动时间最高，西部地区最低。

在学生社团参与度方面，东部地区以平均83.11%遥遥领先，西部地区以74.95%排名第二，中部地区仅仅53.12%，低于全国平均参与度。或许可以推断出经济发达、办学条件优越、教育资源丰厚的职业教育区域为学生提供更为丰富的社团活动平台，使学生有更多的社团活动机会。

（三）大一、大二在校学生在校体验数据比较（表1-7）

表1-7 大一、大二在校学生体验数据比较

对比项	学生满意度（%）	教书育人满意度(%)	课堂教学满意度（%）	管理和服务工作满意度(%)	学生在校活动参与度	
					志愿者活动时间（日/人）	学生社团参与度（%）
大一	92.00	92.51	93.00	90.67	131	73.95
大二	91.33	92.01	92.22	90.15	38	61.58
平均满意度	91.66	92.27	92.50	90.41	89	68.02

由表1-7可以看出，大一在校学生满意度（教书育人、课堂教学、管理和服务工作满意度）略高于大二在校学生满意度，但相差无几，由此可推断出，高职教育在为不同年级的在校学生提供教育服务时，保持了相对稳定性，较好地实现了不同年级在校学生的满意与需求。

在学生在校活动参与方面，大一在校学生活动参与度与活跃度远高于

大二在校学生，大一在校学生在志愿者、社团活动方面表现出更加强烈的积极性。该现象的出现或许源于大一在校学生学业、实习与就业压力较小，有更多的空余时间满足个性化需求，而大二在校学生或许对职业规划更为明晰，将更多的精力放于职业能力培养之上。

（四）重要指标数据比较

1. 思政育人满意度比较

习近平总书记指出："高校思想政治工作关系高校培养什么样的人、如何培养人以及为谁培养人这个根本问题。"[2] 高校思政工作关系着高校人才培养的方向和目标，关系着中华民族的伟大复兴。高职院校也是思政育人的主阵地，思政育人满意度应该成为学生在校体验调查中的重要指标。

（1）大一、大二在校学生思政育人满意度比较（表1-8）

表1-8 大一、大二在校学生思政育人满意度比较

对比项	平均满意度（%）
大一在校学生	93.09
大二在校学生	91.89
全国在校学生	92.30

由表1-8可以看出，大一在校学生思政育人平均满意度高于大二在校学生思政育人平均满意度。"才为德之资，德为才之帅"，随着习近平总书记对高校思政工作做出重要讲话，高职院校普遍进行思政课程改革与课程思政探索，将思政育人融入大学生学习全过程与全方面，思政育人氛围越来越浓，思政育人效果凸显，也逐渐形成了大学生对高职院校所提供的思政课满意度呈增长的趋势。

（2）思政育人满意度省份排名比较（表1-9）

表1-9　思政育人满意度省份排名比较

满意度最高的五个省		满意度最低的五个省	
山东	97.32%	青海	92.1%
上海	95.89%	四川	90.69%
吉林	95.87%	海南	90.06%
江苏	95.11%	甘肃	89.14%
黑龙江	95.03%	广东	79.61%

由表1-9可以看出：山东省在思政育人满意度调查中，以97.32%高居榜首，经济大省广东省在思政育人满意度调查中，仅仅达到79.61%，位居最后；东部地区思政育人满意度高于西部地区；绝大部分省份在校学生思政育人满意度差距不大，且高于90%，可以推断出思政育人在全国范围内得到重视，并取得一定育人效果。

2. 专业课教学满意度

（1）大一、大二在校学生专业课教学满意度比较（表1-10）

表1-10　大一、大二在校学生专业课教学满意度表比较

对比项	平均满意度（%）
大一在校学生	93.53
大二在校学生	93.08
全国在校学生	93.30

由表 1-10 可以看出：大一在校学生专业课教学满意度略高于大二在校学生专业课教学满意度；大一、大二在校学生专业课满意度差距较小，可以看出高职院校能够为大一、大二在校学生提供较稳定的专业课教学服务；通过与表 1-7 进行对比，可发现全国在校学生专业课教学满意度高于思政育人满意度，可以推断出大一、大二在校学生对高职院校提供的专业课教学服务与效果更为满意。

（2）专业课教学满意度排名比较（表 1-11）

表 1-11　专业课教学满意度排名比较

满意度最高的五个省		满意度最低的五个省	
吉林	97.55%	贵州	91.76%
山东	96.65%	四川	90.39%
上海	96.13%	青海	89%
黑龙江	96.85%	甘肃	89%
江苏	95.4%	广东	84.71%

由表 1-11 可以看出：吉林省在专业课教学满意度调查中，以 97.55% 高居榜首，广东省在专业课教学满意度调查中，仅有 84.71%，位居最后；满意度最高五个省均来自东部地区，满意度最低五个省，除广东之外，均来自西部地区；绝大部分省份在校学生思政育人满意度差距不大，且高于 90%，可以推断出绝大部分地区的高职在校学生认为其在校期间受到了良好的专业课学习，对专业课教学质量表示满意。

3. 课内外育人满意度比较

（1）大一、大二在校学生课内外育人满意度比较（表1-12）

表1-12　全国大一、大二在校学生课内外育人满意度比较

对比项	课内育人满意度（%）	课外育人满意度（%）
大一在校学生	93.53	91.49
大二在校学生	93.08	90.96
全国在校学生	93.30	91.23

由表表1-12可以看出：在校学生课内育人满意度高于课外育人满意度，反映出学院在教书育人方面更多地关注课内育人环境，对课外育人有所忽视；大一在校学生课内外满意度高于大二在校学生课内外育人满意度，表明大一在校学生普遍对教书育人的认同感优于大二在校学生。

（2）教书育人（课内外育人）满意度省份排名比较（表1-13）

表1-13　教书育人（课内外育人）满意度省份排名比较

满意度最高的五个省		满意度最低的五个省	
山东	97.26%	青海	90.88%
上海	95.92%	山西	90.28%
浙江	95.69%	四川	89.04%
吉林	94.85%	甘肃	87.03%
黑龙江	94.79%	广东	78.84%

由表1-13可以看出：山东省在教书育人满意度调查中，以97.26%高居榜首，广东省在教书育人满意度调查中，仅仅达到78.84%，位居最后；满意度最高五个省均来自东部地区，满意度最低的五个省，除广东与山西，

均来自西部地区。

4.管理和服务工作满意度比较（表1-14）

表1-14 管理和服务工作满意度比较

对比项	平均满意度（%）
学生工作	91.34
教学管理	92.43
后勤管理	87.47

由表1-14可以看出：教学管理满意度最高，表明学生对高职院校所提供的教学服务和质量更为满意，也折射出高职院校或许将更多的精力放在改善教学质量上；后勤管理满意度最低，且不足90%，表明学生在面对学校所提供的后勤管理服务时，未表现出对教学管理和学生工作相同的认同感，高职院校可能存在对学生生活、食宿服务等关注欠缺的问题。

三、学生在校体验特征分析

（一）差异性：地区差异凸显

学生在校体验差异不仅体现于直观数据上的差别，更折射出各省、自治区、直辖市高职院校教育服务质量的差距。通过对2019年质量年报学生体验数据的统计分析，不难发现学生在校体验依然存在地区之间的差异性与地区内部差异性并存的现象，主要体现在以下两个方面：

1.区域间差异明显

中部地区学生满意度最高，东部地区学生在校活动参与度排第一。

进一步分析，不难发现最高五省除黑龙江以外，均来自东部地区；人均志愿者活动时间省份排名前五省，除湖北与贵州外，均来自东部地区，且浙江省以高达 1315 日 / 人的数量高居榜首；社团参与度最高五省除甘肃、云南两省，均来自东部地区，且浙江、山东两省学生社团参与度均超过100%。东部地区学生在校体验数据的领先离不开东部地区发达的经济和优越的办学条件、教育环境和丰富的活动平台。

2. 区域内差异明显

学生在校体验数据不仅反映出东、中、西部地区区域间存在显著差距，即使在相同区域内，学生在校体验依然存在显著的差异性，且该现象普遍存在于东、中、西部地区。例如东部地区山东、江苏、浙江、北京均居全国前列，然而广东省、海南省学生满意度与学生社团参与度均低于全国平均水平，且广东省在教书育人、课堂教学、管理和服务工作满意度统计中，均排名全国最后一名，上海市学生满意度排名全国第二，学生在校活动参与度却较低，省市差异明显。中部地区各省学生满意度与学生在校活动参与度差异显著，中部各省在学生满意度调查中，除山西省以外，均高于全国平均水平，且黑龙江、吉林省居全国前列；然而除湖北省学生志愿活动时间高之外，中部地区学生在校活动参与度存在普遍较低的问题。西部地区各省、自治区、直辖市学生满意度和社团参与度差异也非常明显，重庆、陕西、内蒙古学生满意度较高；贵州学生在校活动参与度较高，甘肃、云南学生社团参与度较高。

尽管学生在校体验（学生满意度、社团参与度）数据差异的成因复杂，但一定程度上也折射出经济发达程度、社会发展状况、职业教育资源情况与学生在校体验成正相关。

（二）发展性：教学改革成效初显

1. 思政育人初见成效

习近平新时代中国特色社会主义思想，特别是习近平总书记关于职业教育的重要论述逐渐成为高职教育武装头脑、指导实践、推动工作的主导思想，职业院校普遍开展各类课程与思想政治理论课同向同行，努力实现职业技能和职业精神培养高度融合的教学改革。高职院校普遍进行诸如"十九大精神融入思政课""思政课程与课程思政并行"等主题的思想政治理论课程改革。通过2019年质量年报的学生反馈表，可以发现思政改革初取成效，绝大部分省份在校学生思政育人满意度皆差毫厘，且高于90%，可看出思政育人在几乎全国范围内得到重视；同时，大一在校学生思政育人满意度普遍高于大二在校学生，思政课程通过系列改革正逐渐获得广大在校学生的认可与接纳，思政精神逐渐融入了大学生的生活。

2. 专业课改革成效大

随着我国进入新的发展阶段，产业升级和经济结构调整不断加快，各行各业对技术技能人才的需求越来越紧迫，职业教育重要地位和作用越来越凸显[3]，为适应社会现代化的发展和对专业人才的需求，高职院校普遍开展专业及专业课程的改革。专业课程是职业院校课程体系的生命线，专业课程直接关系着学生是否掌握专业技能，能否适应时代发展对岗位的要求。通过产教融合、现代学徒制、合作办学、专业课程诊改等措施，专业课程改革取得明显的成效，并以学生满意度的形式体现于质量年报中。

首先，专业课程满意度在各类课程满意度调查中所获分值最高，表明职业院校坚持以培养专业技术技能人才为导向，以专业建设为抓手，将专业课程改革置于各类课程改革核心位置，取得率先发展优势；其次，大一、大二在校学生专业课程满意度较稳定，表明职业院校的专业课程改革基于对时代、区域发展和学生本身的关注，不断实施改革与诊断改进，能够为大一、大二在校学生提供较稳定和优质的专业课教学服务。

（三）局限性：全面教育服务有待提高

根据全面质量管理理论和高职院校诊改工作理念，高职院校的教育质量追求全面性和系统性，令人满意的教育服务应该贯穿人才培养全过程和全方面，然而通过对 2019 年质量年报中学生在校体验的调查分析，可以出现当前高职教育依然存在教育质量局限性的问题，即教育服务集中于课堂教学和与教学相关的课程建设与改革，对能够推动学生能力提升、素质发展的其他因素关注不够。

1.课外育人环境易受忽视

长期以来，高职教育还是比较重视课堂教学工作，这一点透过在校学生课内外育人满意度调查不难发现，绝大部分省市高职院校在教书育人满意度调查中体现出学生对学校所提供课外育人条件和资源满意程度不如课内育人，也反映出在学校教书育人发展中，课外育人易受忽视的问题。课外育人是提高学生素养、学生综合发展的重要途径，由于固定、规律的课堂教学时间有限，学生更多地是处在无课状态，只有关注课内育人与课外育人的完整性和延续性，才能使教育影响达到连贯性和长久性。

2.后勤管理满意度过低

学生是高职教育的直接消费者，他们通过支付学费，换取在校学习与生活的机会。随着学生群体消费者意识的觉醒和提高，他们越来越希望高职教育提供令其满意的教育服务质量。高职教育应满足学生的需求，他们的诉求不仅来自对知识、能力、发展方面的要求，也包括希望学校能营造一个良好的、周到的生活环境，包括食宿条件合理、居住环境适宜、后勤保障到位等。后勤管理满意度直接关系学生在校生活体验，无论是东部、中部和西部地区，无论是大一还是大二在校学生，管理和服务工作满意度均低于教书育人满意度和课堂教学满意度，后勤管理在管理和服务工作满意度中则低于学生工作与教学管理满意度。将教学服务重心放在学生工作与教学工作上，忽视保障学生基本生活环境的后勤管理服务，是否能提供令学生满意的教育质量？这一问题值得我们深思。

3. 学生社团参与活跃度较低

学生社团是大学校园内充满生机和潜能的能够实现"自我管理、自我教育、自我服务"的学生团体，丰富多彩的社团活动是校园质量文化的彰显，丰富多彩的社团活动是培养学生个性化发展和综合素养的重要途径。然而2019年质量年报却揭示了当下全国职业院校中，除少数几省，绝大部分省、自治区、直辖市学生社团参与度不高的问题（社团参与人数计算方式为多次计算同一名学生参与不同社团的次数，所以实际参与社团活动的学生数量更少）。抛开学生主观意识上不愿参加的因素，更多的原因或许在于学校资源与条件有限，未建立能够支撑更多学生参与社团的平台；或者学校方认为过多的社团经历会使疏忽了专业学习，因而未营造鼓励学生积极参与社团活动的氛围。

四、高职院校在校体验提升的思考

学生承担教育成本、支付学习费用，作为消费者有权根据学校口碑、人才培养质量等因素选择学校，并在享受学校教学服务后，有权参与学校管理，对学校教学、管理、建设、后勤保障等方面满意度发表意见；学生作为学习主体，其参与度直接影响知识内化程度、能力掌握程度与素质提升程度，进而影响学校教育质量。因此，坚持以学生为中心的高等职业教育是新时代高职教育的根本遵循，高等职业教育不仅要服务于区域经济发展，更要服务于学生的需求与意愿。提升高职院校学生在校体验既需要从国家及省市政策层面加大支持力度，帮助西部地区补齐短板，还需要高职院校改善办学条件和强化内涵建设，全面提升教学服务、管理服务和第二课堂等全过程满意度。

（一）关注学生体验地区差异性

由于区域经济发展水平、教育发展水平等因素导致学生在校体验呈现明显的区域差异性特征，导致高职院校人才培养质量的差异和社会对该区域高等职业教育质量的评价。通过不同区高职院校学生在校体验数据统计分析，东部、中部、西部存在较大的差距，为促进高等职业教育更加公平、更有质量地发展，需要从国家和地方政策、高职院校自身建设两个层面协同发力。

就国家和地方政策层面而言，一是要进一步发挥质量年报制度督导评价作用，引导财政投入不足地区政府履行职责，加大职业教育资金投入力度改善办学条件；二是要加大东西部院校对口支援、项目专项等支持政策，进一步缩小高职院校发展差距，为提升学生在校体验奠定基础；三是省级教育主管部门要提升教育经费配置效率和分配倾斜，对标分析本区域高职院校学生在校体验的差距，优先支持高等职业教育。

高职院校需要从管理理念、内涵建设方面补短板。一是树立以学生为中心、服务学生全面发展的教育管理理念，客观审视不同区域高职院学生在校体验差异，反思对学生主体地位、学生学习需求、活动参与性的重视程度，全力改善教学服务、后勤服务、第二课堂等满意度；二是继续推进思政课程和课程思政建设，构建高职院校全方位的育人体系，以《国家职业教育改革实施方案》为引领强化产教融合、工学结合，提升课程教学质量。

（二）加强学生满意评价主体性

学生是购买教育服务的消费者，作为与大学联系最密切的利益相关者，享受教育服务、接受教学质量、参与学校管理，有权对高职教育服务是否满足自我的要求和期望的能力进行评价。在学校管理中，学校倾听学生的声音，关注学生的观点，可以把教育管理中遇到的一些问题消灭在萌芽状态，甚至有学生团体理性地认为应该将学生视为教育的共同创造者。[4] 学生满意度评价具有导向性与针对性，能够反映当前高职院校在提供教育服务时的倾斜与局限。持续、动态、多元关注学生满意度，健全学生参与治理的组织机制，参与基于"五纵五横"的全过程内部质量保障体系评价，使学校的战略规划与发展目标更具方向性、针对性、聚焦性。[5]

（三）重视学生在校参与全面性

随着高职教育质量研究的不断深入，对学生培养质量的理解逐渐变为对学生学习过程、学习体验的关注，学生是教育服务的直接体验者，教学质量的创造离不开学生的积极参与与学习投入。然而，学生体验不仅局限于课堂内、课程中，全面质量观下的学生参与贯穿人才培养的全过程、全方位。高职教育不仅为社会、区域经济提供技术、人才、服务，更要关注学生的全面发展。课堂教学、第二课堂、社会实践、技能竞赛、社团活动等教育活动形式，打破课堂教学的静态性、局限性、单一性，提高学生学习获得感与成就感，从而推动学生综合素养的提升。

参考文献

[1] 刘红. 我国高等职业教育年度报告制度形成历程与发展状况：《2016 中国高等职业教育质量年度报告》发布[J]. 中国职业技术教育，2016（22）：5-10.

[2] 习近平在全国高校思想政治工作会议上强调：把思想政治工作贯穿教育教学全过程 开创我国高等教育事业发展新局面[N]. 光明日报，2016-12-09（01）.

［3］ 国务院关于印发国家职业教育改革实施方案的通知［EB／OL］.（2019-01-24）［2022-01-01］.http：//www.gov.cn/zhengce/content/2019-02/13/content_5365341.htm

［4］ CHERI，Study into student engagement［OL］.（2008-06-11）［2012-10-28］http：//www.open.ac.uk/cheri/pages/CHERI-ProjectsHEFCEstudentengagement.shtml.

［5］ 陈中耀，宋璐瑶，刘仲全.论学生的质量角色定位及其作用发挥：基于高职院校质量诊改的视角［J］.职教论坛，2019（02）：40-46.

高职院校"以教学为中心"的课程诊改探索

徐 伟 重庆水利电力职业技术学院 重庆 402160

进入新时期,国家加快对经济发展转型步伐,加速供给侧结构性改革。2017年9月,中共中央、国务院印发《关于开展质量提升行动的指导意见》中明确指出:"到2020年,供给质量明显改善,供给体系更有效率",以质量推动经济持续发展。伴随经济发展的同时,高职教育作为我国高等教育的一种类型教育,在经历了规模扩张、外延发展后,逐渐转入追求质量提升、强化内涵发展的阶段,特别是进入现阶段,教育质量已成为高职院校可持续发展的核心问题。《国家中长期教育改革和发展规划纲要(2010—2020年)》(以下简称《教育规划纲要》)强调,提高教育质量是各级教育主体推动教育改革发展的核心任务。因此,如何发挥高职院校质量主体责任,推进以"教学为中心"提升高职人才培养质量,建立高职院校内部质量保证体系。[1]从2015年起,教育部先后发布了《关于建立职业院校教学工作诊断与改进制度的通知》(教职成厅〔2015〕2号)和《关于印发〈高等职业院校内部质量保证体系诊断与改进指导方案(试行)〉启动相关工作的通知》(教职成司函〔2015〕168号),正式启动高职院校教学诊改工作，围绕"决策指挥、质量生成、资源建设、支持服务、监督控制"等五个纵向层面推进学校、专业、课程、教师、学生五个层面建立起完整且相对独立的自我质量保证机制，明确学校各层级管理系统间的质量共同体，形成以信息化为基础的内部质量保证体系。

一、课程诊改目的与作用

在"五横"层面的诊改中，课程诊改是诊断与改进工作的重要组成部分。通常认为"五横"层面中，学校和专业属于宏观办学问题，课程、教师和学生属于中微观问题，而其中起纽带作用的便是课程，它既是实现宏观办学思想的根本点，也是最终完成人才培养的落脚点。因此，在大力发展高职教育内涵时期，课程建设和课程教学是人才培养的根本，课程诊改是诊改工作的核心，符合高职院校进一步树立"以教学为中心"的内涵发展思想。在推进课程诊改中，笔者以所在学院的课程诊改为突破口，开展了一系列课程诊改工作，并取得较好的成效。

（一）建立了系统的两链体系

办学有规划，专业有目标，在所有的高职院校办学中，都不会缺少，但是将"学校—专业—课程—教师—学生"递进贯穿，建立系统化的目标链，许多高职院校并未完全做到。学校办学还存在与区域产业经济结合不紧密、服务对象不明晰、办学定位不准等现象，导致学校办学不稳，专业布局和结构不合理，专业规划与学校发展规划不一致，至于课程规划、教师和学生发展规划更是如此，没有形成规划层层分解，没有将任务落实落细形成有效闭环。通过诊改工作的实施，学院重新审视"十三五"规划，形成了"1+8+N"的规划体系，即1个总规划、8个子规划和N个实施方案。并对规划中的目标进行了充分论证，分解了更详细的指标，提取关键指标

(KPI)并设置可监测、可检查、可评比的质控点,依据 SMART 原则制定了任务执行标准,同时,将各指标任务分解到年度、月度和周计划,纳入信息管理平台进行过程监控跟踪,确保计划如期推进。课程诊改中,依据专业规划完成了数百门课程规划,并制定了课程达成标准,使目标链和标准链形成统一体系。[2]

(二)建立了完整的教学链

在学院诊改工作整体推动下,课程诊改得到有效落实,主要分为课程建设与课程教学两个方面,课程建设诊改主要包括课程体系、课程规划、课程资源、课程标准等,责任部门主要由教学工作委员会、教务处、各院系和教研室负责。学院从以"教学为中心"的理念出发,下更大功夫抓课程教学,课程教学按责任部门不同分别从期初、期中、期末和课前、课中、课后"两个三阶段"实施教学监测,教务处负责学期教学,督导室负责课堂教学。同时,按照"制度管人、流程管事"原则,清理制度和工作流程,废除了多余、过时的制度,对包括《教师课堂教学规范》《教学质量评价办法》等在内的制度和管理办法重新修订,梳理简化工作流程,建立"一室四责""一课四责""一考三责"等系统化的教学管理与考核办法,使教学管理工作更加科学、精准与全面。

(三)建立了共享化的信息链

在整个课堂教学诊改中,信息平台发挥了巨大作用,教学管理过程全程以信息化教学平台为支撑,打通各业务平台通道,消除信息孤岛,以云平台为基础建立了教学过程管理平台、实训室管理系统、顶岗实习远程监控系统、督导巡课听课平台、课堂管理(怠学率)平台等为主体的"五位一体"多元化教学质量实时监控评价系统,配套建立"1+X+0"(1 是学业成绩合格,X 是综合素质发展得分,0 表示零违纪记录)学生综合素质管理系统，全方位、全过程实现信息化覆盖。推行"标准化""精细化"管理，教学质量评价工作走上制度化、规范化、信息化轨道，实现课堂教学的数据采集、数据分析、信息反馈、质量调控、质量改进实时诊断，为课堂教学管理提供了强大的信息技术支撑。

（四）建立了常态的质量链

具备了完善的课程链和教学链，课程诊改环节形成了有效的动态化闭环，师生明确了目标任务，通过信息平台反馈自我评价，不断调整自我状态，适应教学管理链，教学质量指标科学、先进、规范与完备，行动指向精确，师生质量意识不断增强，质量文化逐渐成为共识，人才培养工作相关利益方形成合力。

二、课程诊改的内容

目标链与标准链的统一问题是诊改工作的核心内容之一，课程诊改如何做到两链合一的呢？为了更好地推进课程诊改，有必要再认真梳理一下课程诊改的内容。

（一）贯通发展目标链，细化落实标准链

学校发展目标确定了发展方向和任务，应该说可以引领学校持续发展，但从实施目标建设来看，由于主客观的原因，发展目标链"断链"现象总是存在的，导致学校规划无法精准落地，变成了"墙上挂挂的空话"。[3] 为克服这种"纸上规划"现象，学院从打造"两链"入手推动诊改，首先做好"顶层设计"——总规划，再通过总规划进行层层分解，分解出二级院（部）发展规划，依据发展规划制定专业建设方案、课程建设方案，从而实现了目标链路的衔接贯通，保证了"目标链"的一致性。通过层层分解，

确保课程目标上位是专业人才培养目标，下位是课程教学目标，也是也进一步分解指标体系，建立标准链的源头。专业人才培养目标、课程目标和课程教学目标三者应自成一体，才能聚焦支撑设定的人才培养目标，因此，建立一以贯之的课程目标链，对于实施课程诊改非常关键。

（二）建立KPI指标系，设计质控点

关键绩效指标（Key Performance Indicator，KPI）主要运用于企业业绩考核，是对组织内部流程输入、输出两端设置关键参数、取样、计算、分析，达到衡量流程绩效的一种量化管理指标，是目标管理的重要工具。虽然诊改工作不同于企业管理，但可以把KPI引入到诊改工作中，教学诊改工作可以称为关键质量指标（此处暂时沿用KPI称谓）。虽然不是所有的指标都可以量化或需要量化，但是通过对目标链进行指标细分，根据权重管理思想，影响整体工作效率和效益的事项为关键事项，其考核评价指标即为关键质量指标，即教学诊改工作KPI。在课程诊改中，一方面需要梳理课程建设工作流程，根据"流程管事"思想，从工作流程中提取关键质量指标，如课程资源建设企业参与度、课程标准与课程条件的匹配度等，当然不同学校会有不同的工作要求和管理重心，因此，设计的KPI将会有所不同；另一方面，课程是实现人才培养目标的主要载体，是实现学校总体目标的具体目标，也是保证学校教育教学质量的着力点，因此，课程教学是整个人才培养的核心工作。在梳理教学管理工作中，根据职能部门管理职责不同，将教学管理诊改工作分属教务处、督导室、二级院（部）等不同单位，例如教务处负责整体教学管理工作，通常以一个学期为一个整改周期，分为期初、期中和期末，建立工作流程，提取KPI，形成质控点；督导室则以课堂教学为管理重点，分别向前向后延伸，即课前、课中和课后，建立诊改工作机制，提取KPI，建立诊改工作机制。

（三）梳理课程诊改程序，设计"8字质量改进螺旋"机制

"8字质量改进螺旋"是戴明环与现代知识管理理论、知识生命周期理论融合创新的理论成果。从形态上看，主要由上下相扣的两个螺旋组成，上螺旋包括"设计—组织—实施—监测—预警—改进"，在信息平台的支撑下，周而复始地运行各步骤并不断改进，但是此处改进重在对设计和组织实施层面的改进，一般不涉及目标和标准的改进，因其运行频率相对较快，故称"动螺旋"。[4]下螺旋包括"目标—标准—设计—组织—实施—诊断—激励—学习—创新—改进"，在信息平台的支撑下，同样按照一定周期运行并改进，其改进就是对目标和标准进行全面深刻的改进，[4]能推动目标和标准的螺旋递进，因其运行频率相对较慢，故称"静螺旋"。"动螺旋""静螺旋"两者交汇于设计—组织—实施阶段。"8字质量改进螺旋"作为高职院校内部质量保证理论体系的重要组成部分，也是学校、专业、课程、教师、学生5个层面诊改运行的基本单元，它为高职院校课程层面诊改提供了基本方法与实施路径。

课程诊改一般从课程建设和课程教学两个方面着手进行，首先要将课程诊改工作作为一个相对独立的整体推进，建立"目标—标准—设计—实施—诊断—改进"的循环闭路流程，形成周期相对较长的"静螺旋"，也可以看作是"大循环"。"静螺旋"主要负责课程诊改项目本身是否按目标任务适时推进，一般情况下采用结果导向考核评价。在实施环节，要对课程建设和课程教学进行有效监测，例如课程标准编制是否按程序进行，课堂教学是否按教学管理办法执行等，实现"设计—组织—实施—监测—改进"的"动螺旋"过程，这个过程时间周期相对较短，也可以看作是"小循环"。两个循环都要依托信息平台来实现。两个循环构成全过程、全方位和全方面监测，形成完善的课程诊改质量保证体系。

三、课程诊改的实施

(一)课程诊改两链统一

第一,一方面要梳理课程建设目标。课程建设目标是对专业建设任务的分解与落实,因此,课程建设目标不能凭空杜撰,而必须是由总规划层层分解而来,确保目标链路衔接贯通,在实际的人才培养工作中,一门课程往往会分布在不同的专业中,并且在不同专业中时,其课程定位、课程作用、课程内容、课程考核等都会有不同要求,因此,课程组应进行全面考虑、统筹兼顾,对该门课程的目标要进行全面梳理、准确描述。第二,将课程目标进行达标分解,形成达标标准,并依据SMART原则进行精准化、可测化、可评化阐述形成可考核的考核标准,标准要高于现状,但又能通过可预测的努力实现。第三,课程目标决定了课程教学目标,因此,课程教学目标的设计必须依据课程目标,依据教学目标提取KPI,细化教学标准,形成课程教学质量控制点,质控点主要围绕课堂教学行为及衍生行为进行设计,例如学生学习行为、教师教学行为、学习目标达成度、学生评价满意率等。质控点尽可能量化并可以通过相应的教学管理系统实现"无痕化"采集,不干扰课堂教学,确保采集的数据客观、准确,为课堂教学管理大数据分析提供数据源。

(二)设计质量监测预警

课程建设过程监测对于形成有效的建设路径非常重要,但需要对课程建设目标和标准进行精准分析,设定建设目标,并将目标分解至年度、月度甚至周,建立课程建设质量控制点,主要包含课程标准编制、课程教材选用与编写、课程教学资源建设、教学方法改革研究等内容,可具体细化设计量化指标和质量控制要点,结合信息平台进行动态采集,信息系统自动统计建设进度并根据建设情况作分析,并将数据进行有效分析和推送。[5]

特别是建设进度滞后的要及时预警，使相关业务部门和管理人员及时跟踪课程建设情况，确保课程建设目标按计划推进。根据课程建设质控点，如课程资源数、知识点的覆盖率等，设计相应指标反馈阈值，通过专业发展评估系统建立预警工作流程，对课程建设推进情况进行实时监控，由系统进行无干涉对比分析，发现偏差、实时预警、积极干预、及时调控，建立起有效预警机制。[6]

（三）动静结合实施改进

根据"8字质量改进螺旋"设计，实行两个螺旋结合，"静螺旋"主要控制周期较长的诊改工作，关注的重点是工作进度与整体质量；"动螺旋"主要控制周期较短的业务诊改，针对的是适时性的动态诊改，关注重点是业务工作的方法与状态。

1. "静螺旋"工作机制

课程建设和课程教学开展周期性诊断改进，可以结合学期或年度考核进行，通常是在期末或一门课程完成建设或教学任务后，由专业发展评估系统或教学过程管理系统自动生成课程建设报告或课堂教学质量报告，再结合相关质量监控提供的学生测评数据、学生期末成绩数据等进行综合分析，从而形成课程建设或教学质量分析报告，为自我诊改提供依据，保证了课程建设或课程教学诊改的内生性、自主性和持续性。

2. "动螺旋"工作机制

（1）课程建设动态诊改。课程团队根据立项时确定的课程建设目标，将课程建设目标落实到年度建设计划，包括目标、任务、标准、措施、预期效果等，并通过专业发展评估系统中的课程建设模块，实施建设目标年度、月度自主诊改，从而保证建设进度与质量的统一。

（2）课堂教学实时诊改。课堂教学实时诊改，主要是针对任课教师进行课后总结、反思，帮助任课教师有效提高教学质量，类似于"反刍"。

课程任课教师在课前根据课程标准、教学过程管理系统备课,向学生推送课程相关学习任务,布置相应的教学要求,并组织学生提前学习相关知识;课中教师通过职教云平台实施教学,通过教学过程管理系统"无痕化"采集教师和学生教学行为数据,自动分析生成课堂教学质量分析报告,并自动推送给任课教师;课后教师通过分析课堂教学质量报告,对教学内容、教学目标达成、教学效果、教学方法等进行自主诊断,并不断改进教学设计。

四、课程诊改的文化引擎建设

诊改工作针对管理全过程,不是一次性工作,而是一种工作常态,也是一种内在质量保证的工作机制,必须深入人心,使之内化于心、外化于形,形成一种工作习惯与文化自觉,根植于每一个教职员工内心,产生自我诊断改进的"源动力"。因此,文化建设是推动诊改工作的引擎。课程诊改在文化引擎建设上主要从两个方面开展。

(一)开展业务培训,培育质量意识

实施"管办评"分离后,学校办学自主性增强,质量成为决定学校办学好与坏的生命线,尤其在竞争越来越激烈的高职教育领域,如何激发教职员工的内生动力,不断培育并形成以自律、自觉为主要特征的质量意识,成为建设内部质量保证体系的最重要任务。为此,学校必须加强教职员工全员普及化培训,分层次、分类别开展专项培训,转变观念,树立质量意识,让质量理念入脑、入心,落实于各项行动。在学院实施的课程诊改中,我们主要开展"说教学""说课程""教学能力竞赛"等系列教学能力提升行动,创造"质量至上"理念,形成竞争性质量氛围,引导全体教师主动思考提升教学质量,强化课程团队深度学习和实践创新,形成主动探究、勇于实践的创新文化,最终实现教学诊改的"螺旋递进"。

（二）加强制度建设，建立科学考核

围绕课程教学诊改，学院建立了完善的教学管理制度，出台了相关考核管理办法，实施教学"痕迹化管理"，形成了"一室四责""一课四责""一考三责"等系统化的教学管理与考核办法，使教学管理工作更加科学、精准与全面，建立了动态化的绩效考核体制机制，依托二级院（部）绩效考核系统的大数据分析，自动排名，建立相应的奖励、问责机制，对年度课程教学质量进行考核性诊断，将结果运用于教师评优评先和职称评审重要依据。课程诊改年度考核结果作为部门绩效激励的重要依据，保证课程诊改工作目标有效实施。

课程是落实专业人才培养目标的载体，是执行教学的依据，因此它是承上启下的纽带，直接关系到人才培养质量，甚至课程质量直接决定了人才培养质量。因此，以"教学为中心"实质就是"以课程为中心"，在全面重视质量的时期，加强课程诊改，做好课程诊改工作，确保课程质量达标，就是在提升办学质量，就是在真正落实教育的"四个回归"。

参考文献

[1] 张芦军.供给侧改革视阈下的高职院校内部质量保证体系建构[J].教育现代化，2018，5（22）：88-89，105.

[2] 龚佑红，基于状态数据平台的高职院校内部专业诊改研究[J].教育现代化，2015-5（12）：286-288.

[3] 丁才成，袁洪志，丁敬敏.高职院校课程诊断与改进工作内涵及运行机制设计[J].职业技术教育，2018，39（35）：34-38.

[4] 汪建云.培育"8字螺旋"夯实诊改基础[N].中国教育报，2017-11-07（11）.

[5] 汪进芳，贺州学院旅游管理专业教学质量保证体系研究[J].教育现代化，2016-6（4）：104-106.

[6] 郭慧馨.基于AACSB的教学质量保证体系的市场营销案例教学研究[J].教育现代化，2017，4（42）：164-165.

内部质量保证体系建设与运行实践方案设计
——以重庆城市管理职业学院为例

孙玉中 重庆城市管理职业学院 重庆 401331

重庆城市管理职业学院为贯彻落实《关于建立职业院校教学工作诊断与改进制度的通知》（教职成厅〔2015〕2号）、《关于印发〈高等职业院校内部质量保证体系诊断与改进指导方案（试行）〉启动相关工作的通知》（教职成司函〔2015〕168号）、《关于全面推进职业院校教学工作诊断与改进制度建设的通知》（教职成司函〔2017〕56号）、《重庆市教育委员会关于印发重庆市高等职业院校内部质量保证体系诊断与改进工作规划（2017—2020）及实施方案（试行）的通知》（渝教高发〔2018〕6号）等文件精神，建立教学工作诊断与改进制度，全面推进学校内部质量保证体系诊断与改进工作，结合学校实际，制定本实践方案。

一、指导思想

以《国务院关于加快发展现代职业教育的决定》（国发〔2014〕19号）、《高等职业教育创新发展行动计划（2015—2018年）》（教职成〔2015〕9号）等文件精神为指导，按照《重庆城市管理职业学院"十三五"发展规划》总体安排，以全面提升人才培养质量为中心，以完善质量标准和制度、提高利益相关方对人才培养工作的满意度为目标，坚持"需求导向、自我保证，多元诊断、重在改进"的工作方针，切实履行学校作为人才培养工作质量保证主体的责任，建立常态化内部质量保证体系和可持续的诊断与改进工作机制，提升内部质量保证工作成效，持续提高人才培养质量。

二、基本原则

（一）全面贯彻党的领导和依法治教原则

高校承担着培育中国特色社会主义建设者和接班人的重大任务，学校在开展诊断与改进工作中要坚定地把坚持社会主义办学方向和全面贯彻党的教育方针落实到立德树人根本任务当中，形成全员、全方位、全过程育人格局。内部质量保证体系构建务必坚持依法治教原则，兼顾各方发展需求，创新推进诊断与改进工作。

（二）立足现实与可持续发展相结合的原则

在坚持上级部门制定标准的基础上，立足学校现有基础和改革发展新常态，自主开展符合学校实际的质量保证体系诊断与改进工作，不断探索创新，完善内部质量保证体系，保证学校、专业、课程、教师围绕人才培养质量提升这个中心任务均实现可持续发展。学生也通过自主诊断与改进实现可持续发展。

（三）诊断与改进和常规工作相结合的原则

贯彻全面系统的内部质量管理思想，以建设并运行学校内部质量保证体系为契机，根据学校"十三五"发展规划要求，制定切实可行、可控、可实现的专项工作计划方案，把诊断与改进工作与常规工作相融合，逐步建立起诊断与改进常态化工作机制，完善目标链、标准链，不断增强内部质量文化氛围，最后形成内部质量自我提升动力，保证学校各项建设任务落地生根。

（四）目标导向与问题导向相结合的原则

以目标和标准体系为起点，以事实和数据为基础，按照"目标—标准—运行—诊断—改进"的诊断与改进流程，诊断各项工作的目标达成度和实施成效，提出需要整改的问题。以问题为导向，透视薄弱环节，持续创新与改进，使执行过程与监督过程形成螺旋循环上升的闭环流程。

（五）状态数据与质量监测相结合的原则

聚焦影响质量生成的要素，通过建设校本数据系统，实现数据融合、业务融合，对关键质量监测点设置标准值和阈值，实时采集人才培养工作状态数据，对质量生成过程进行智能诊断、预测、纠错，实现动态预警和反馈，为学校治理、科学决策提供线上数据支撑和平台服务。

三、目标任务

（一）工作目标

通过内部质量保证体系诊断与改进，完善"质量计划、质量控制和质量提升"管理与运行流程，结合学校"十三五"发展规划，做实目标链、标准链，构建网络化、全覆盖、具有较强预警功能和激励作用的内部质量保证体系，建立常态化的内部质量保证体系诊断与改进机制，达到规划目标实现与教学管理水平和人才培养质量的可持续提升。

（二）主要任务

1. 完善学校内部质量保证体系

以诊断与改进为手段，形成决策指挥、质量生成、资源建设、支持服务和监督控制五个纵向系统，在学校、专业、课程、教师、学生等五个横向层面建立完整且相对独立的自我质量保证机制，强化学校各层级管理系统间的质量依存关系，形成学校全员、全过程、全方位、全要素、网络化的内部质量保证体系。

2. 提升教育教学管理信息化水平

充分建设并发挥现代信息技术平台功能，强化人才培养工作状态数据在诊断与改进工作的基础作用，完善人才培养工作状态数据管理系统预警功能，提升学校教学运行管理信息化水平。

3. 树立现代质量文化

通过开展内部质量保证体系诊断与改进，树立现代质量文化，建立完善质量标准体系、不断提升标准内涵，促进全员全方位全过程育人。

四、体系建设

（一）体系构架

从国家、西部地区以及重庆市的发展政策、行业产业需求出发，明确学校办学定位与发展规划，确定学校的质量目标，明确工作方针、工作原则、工作任务，按照"五纵串五横"的思路，涵盖学校、专业、课程、教师、学生五个横向主体，同决策指挥、质量生成、资源建设、支持服务、监督控制五个纵向系统，构建组织体系、目标体系、标准体系和制度体系，强化学校各层级管理系统间的质量依存关系；建设质量文化，以文化建设推进全面质量管理；开发基于校内二级单位、专业、课程、教师、学生诊断与改进全流程的数据系统,为内部质量保证体系诊断与改进提供数据和平台支撑,由此建立具备网络化、全覆盖、较强预警功能、激励作用的内部质量保证体系。将质量管理的成果,对照质量目标进行检验,反馈到需求输入和质量体系,推动学校不断检验办学定位、发展目标与社会需求的符合度;人才培养、科学研究、社会服务、文化创新、国际化对办学定位和发展目标的支撑度;人才培养目标、人才培养方案、教学运行、培养质量与"三全"质量管理的吻合度;师资队伍建设、教学仪器设备、实践教学基地、图书资料等教学资源对人才培养的保障度;学生、家长、政府、企业、社会对教学质量的满意度。内部质量保证体系构建思路如图1-1所示。

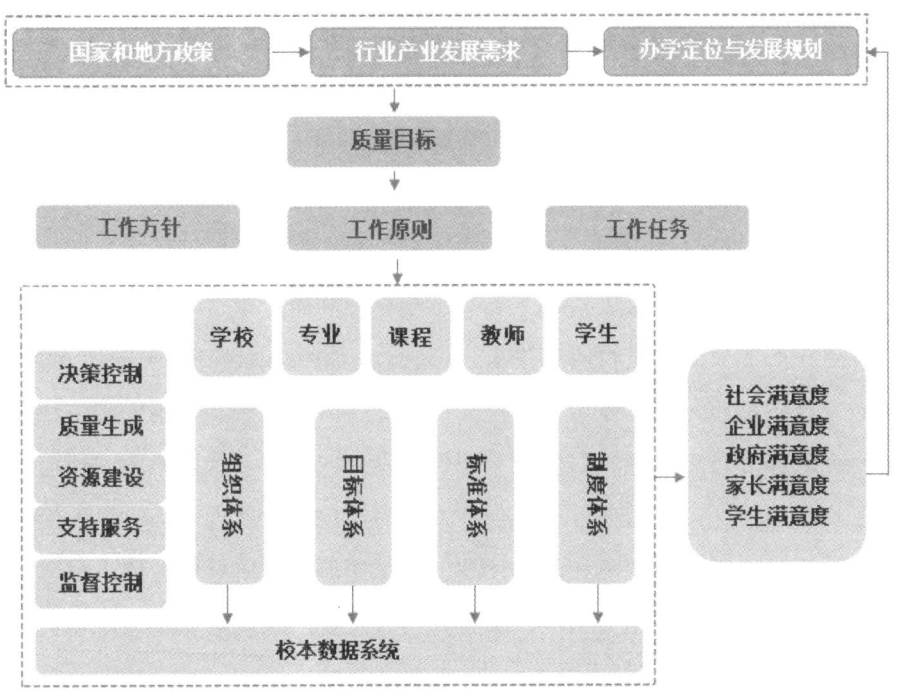

图1-1 内部质量保证体系构建思路

（二）重点任务

1. 完善组织体系，形成质量管理合力

（1）建立三级质量保证组织体系。在学校党委领导、行政指挥下，按照学校、二级单位、教研室（科室）三个层级，建立三级质量保证组织。如图1-2所示。

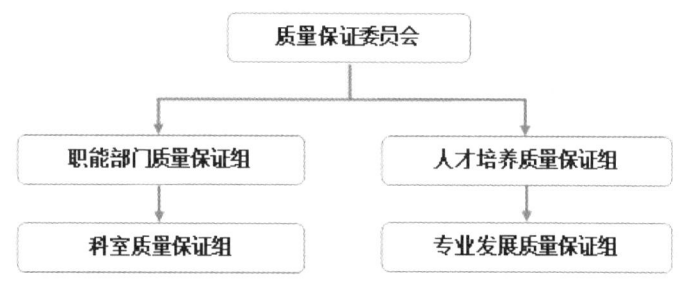

图1-2 三级质量保证组织体系

学校质量保证委员会由校党委书记、校长任主任，负责对学校质量保证体系建设进行总体规划，全面领导协调学校内部质量保证体系诊断与改进工作，审定诊断与改进实施方案、工作计划和质量报告等文件，对诊断与改进中的主要问题进行研究决策。主管教学副校长任常务副主任，具体负责学校内部质量保证体系建设及运行工作。其他校级领导担任副主任，分别在具体分管工作领域内推进、配合与支持内部质量保证体系诊断与改进工作。质量保证委员会下设办公室，挂靠学校质量管理中心，负责组织制定诊断与改进实施方案和工作计划，组织协调内部质量保证体系建设、运行、诊断与改进等相关工作，及时分析所发现问题并向质量保证委员会汇报。

职能部门质量保证组由各职能部门负责人任组长，负责本部门质量管理，组织或者制定本部门质量保证体系建设与运行实施方案，组织或者牵

头制定本部门分管工作的诊断与改进目标、标准、制度，组织开展本部门或者所分管工作的自我诊断，撰写年度自我诊断报告等。

人才培养质量保证组由各二级学院党政负责人任组长，负责二级学院质量管理，组织实施二级学院诊断与改进工作，组织制定专业标准、专业人才培养方案、课程标准、授课标准，组织开展专业（课程、教师、学生）自我诊断，撰写二级学院自我诊断报告。

科室质量保证组由科室负责人任组长，负责本科室质量管理，制定工作制度、标准、流程等，组织本科室及成员进行自我诊断，撰写年度自我诊断报告等。

专业发展质量保证组由专业带头人、教研室主任任组长，负责本专业质量管控，组织制定专业与课程发展规划、专业与课程标准、专业人才培养方案等文件，具体组织开展专业、课程、教师自我诊断，组织撰写专业、课程、教师自我诊断报告等。

（2）明确各部门在"五纵"系统中的职责，各部门所处位置如图1-3所示。

决策指挥系统主要负责领导体制、组织结构、制度建设、协调管理等工作，由三级质量保证组织构成。

质量生成系统主要负责组织实施教学工作、学生工作、校园文化建设等工作，由二级学院、教务处、党委学生工作部、招生处、党委宣传部等组成。

资源建设系统主要负责组织、人事、校内外教学资源开发、储存、使用、管理等工作，由党委组织部、人力资源处、财务与资产管理处、科研与发展规划处、校企合作处、继续教育学院等部门组成。

支持服务系统主要负责提供生活服务、社会服务、合作平台、信息服务、安全保障等工作，由院长办公室、基建后勤处、工会、图情信息中心、安全管理处、国际合作与交流中心等部门组成。

监督控制系统主要负责质量监督、数据采集、数据分析、组织编制学校自我诊改报告、质量报告、发布预警等工作，由质量管理中心、监察处、审计处组成。

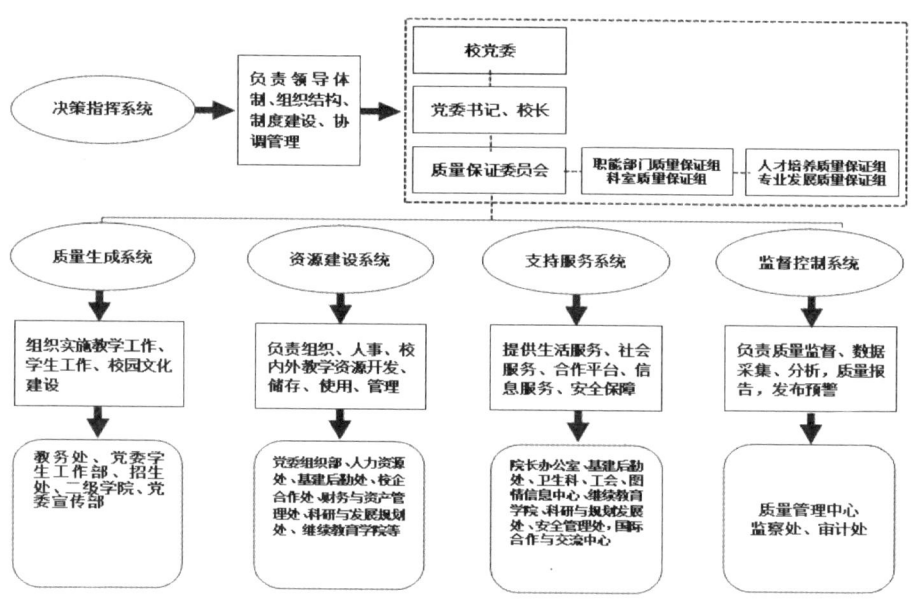

图1-3 五纵系统职责和各部门所处位置

2. 构建目标体系，形成目标链

（1）完善规划体系，形成规划目标链。学校围绕人才培养质量核心目标，对学校现状进行SWOT分析，完善学校"十三五"发展规划、专项规划及其实施方案，并制定年度实施方案，形成学校层面规划目标链，如图1-4和表1-15所示。各二级单位主动根据学校"十三五"发展规划和各专项规划目标任务，制定本单位年度发展规划，明确年度建设目标、任务、措施、预期效果，见表1-16。专业、课程、教师、学生在自我发展内生动力的激发下，主动结合各类规划目标及自我发展需求确定各自发展规划和具体目标。从而形成学校上下衔接、左右联动的整体目标链。

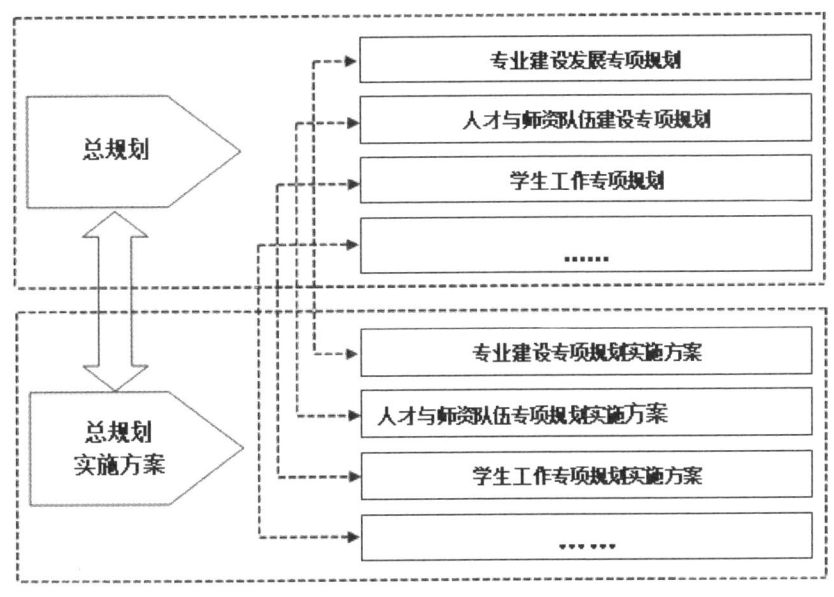

图1-4 学校"十三五"规划体系

表1-15 xxxx年"十三五"xxx发展规划实施进度、完成情况表

任务	责任人	目标	目标值	完成情况	备注

表1-16 xxxx年xxx单位工作计划任务分解表

工作目标	具体工作任务（开展活动）	验收要点(标志性成果)	经费预算（元）	启动时间/完成时间	常规/核心工作	责任人

（2）建立规划落实与反馈机制，不断修正目标，确保完成质量。将规划任务落实完成与校本人才培养工作状态数据系统结合，实现过程数据的实时采集，进行基于数据分析的规划目标执行、分析、反馈与改进，形成规划执行信息链。根据生成的信息流，编制各规划年度自我诊改报告。依据报告结论不断修正目标链，确保实现规划目标，高质量地完成各项建设任务。规划执行信息链如图1-5所示。

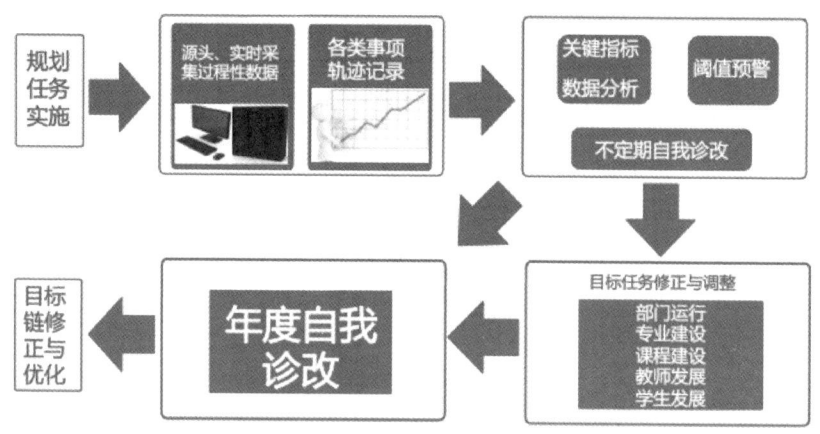

图1-5 规划执行信息链

3.建立标准体系，形成标准链

（1）建立和完善学校工作标准。学校各二级单位根据在纵向五系统中的归属，按照"职责—工作—岗位—标准"的开发流程，厘清部门职责，将工作职责细化为具体工作。在此基础上，按照SMART原则（具体性、可度量、可实现、相关性、有时限）对具体工作进行描述，并将具体工作分配到部门内各岗位，制定和完善各项工作标准，形成"岗位—职责—工作—标准"关联的系统工作包，构成学校工作标准。

（2）建立和完善专业质量标准。依据培养高素质技术技能人才目标要求，明确专业建设质量控制要素，横向对比国内外专业办学水平，制定专业发展标准，形成专业建设质量标准体系，为不同水平的专业设置不同层次的发展目标。专业质量标准体系主要包括专业文件编制标准、专业建设标准、专业质量诊断标准等。专业质量标准体系如图1-6所示。

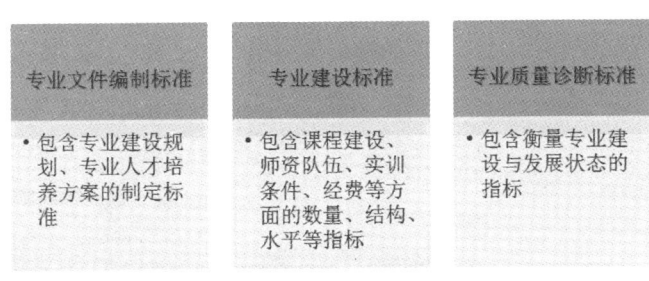

图1-6　专业质量标准体系

（3）建立和完善课程质量标准。课程质量标准主要包括制（修）订课程开发、课程培养、课程教学、课程考核、课程实施条件、课程管理等六个方面标准。如图1-7所示。

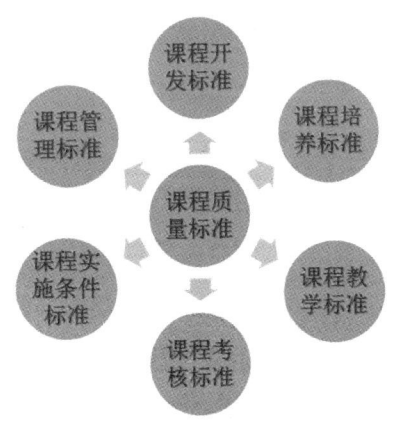

图1-7　课程质量标准体系

（4）建立和完善教师发展标准。教师发展标准主要有两个类别：教师任职标准和教师阶段发展标准。教师发展标准体系如图1-8所示。

教师任职标准涵盖专任教师、辅导员、"双师"素质教师、中青年骨干教师、专业带头人等认定标准。

教师阶段发展标准主要指教师从入职、成长、成熟、再发展各阶段应当具备的基本标准。达到不同阶段标准的教师可以根据学校岗位聘任条件要求，竞聘各系列初、中、高级岗。

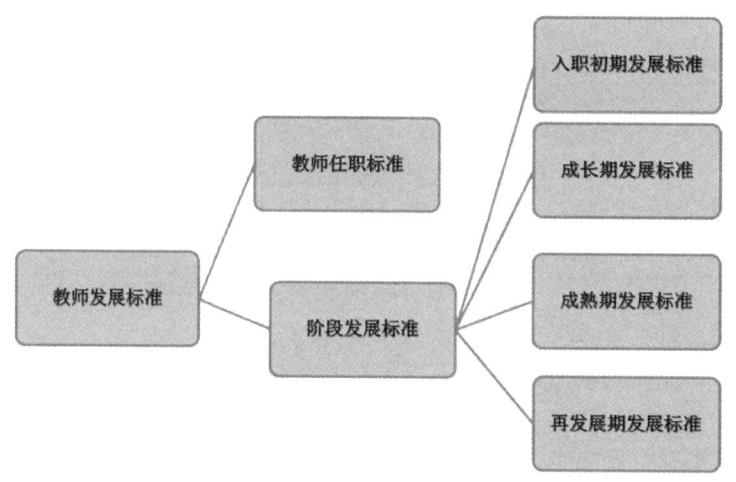

图1-8　教师发展标准体系

（5）制定学生发展标准。学生发展标准主要包括学业发展标准、职业发展标准、素质发展标准、团队发展标准四个类别。学生发展标准体系如图1-9所示。

学业发展标准包含学业目标、学习能力、学习方法、学习效果等方面；职业发展标准包含职业生涯规划、能力拓展训练、创新创业意识、职业准备、工作目标等方面；素质发展标准包含个人发展目标、情绪管理、责任感、自我管理能力等方面；团队发展标准包含价值观、团队意识与团队精神、领导能力等方面。

根据这些标准，学生结合自己实际情况，制订个人发展标准（目标），形成学生个人发展标准（目标）体系。

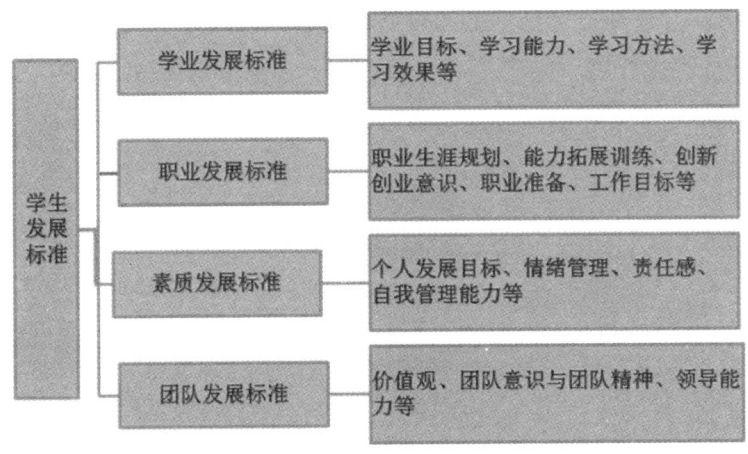

图1-9　学生发展标准体系

4.建设制度体系，形成内控体系

（1）根据管控事项，梳理内控制度。在学校章程的总体要求下，按照学校层面的教学事务、学生事务、校园文化建设、组织、人事、财务、物资事项、校企合作、后勤保障、社会服务、科研与规划、国际交流合作、图情服务、安全保障、监督控制等内部管控事项，梳理相关制度，通过制度的"废、改、合、立"工作，完善"内控事项—部门职责—管理制度"相对应的制度体系，如图1-10所示。

（2）建立诊断与改进工作制度，确保质量递进。制定常态化诊断与改进制度，开展学校发展自我诊断、专业质量自我诊断、课程质量自我诊断、教师质量自我诊断和学生发展自我诊断，将质量保证体系中的主要质控指标列入学校考核内容，将诊断与改进工作与学校考核相结合，建立考核激励制度，促使五个层面质量生成主体主动围绕目标，落实责任与任务，达成质量目标；制定校本人才培养工作状态数据系统信息采集制度，将业务管理与采集责任、审核管控、数据分析相结合,实时掌握和反馈运行工作状态数据,为实施过程的诊断与改进提供参考依据;形成涵盖学校、专业、课程、教师、学生五个层面的年度质量报告制度,分析、报告、发布诊断与改进实施运行中的问题,反馈诊断结果,提出改进建议。

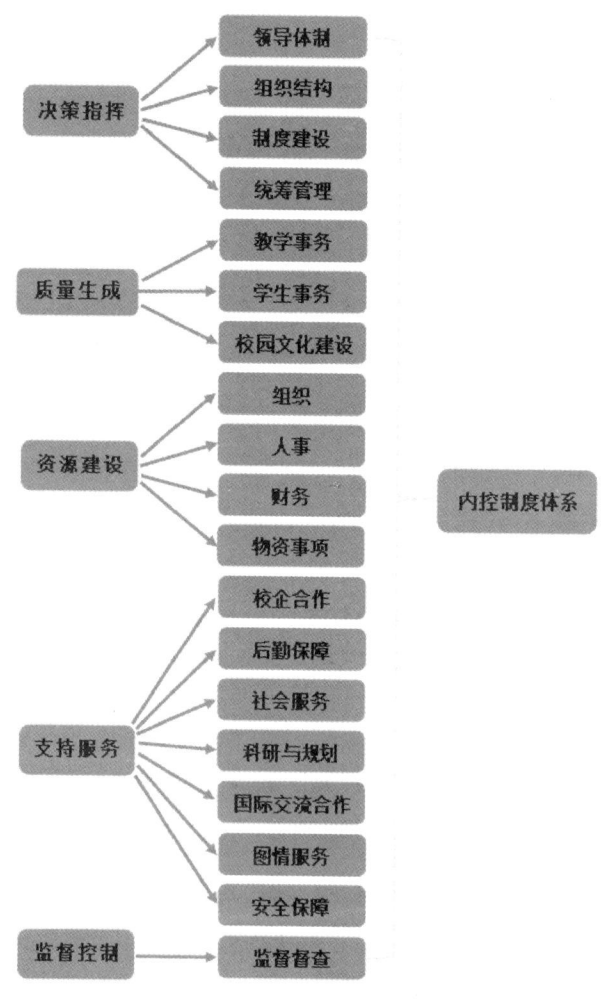

图1-10　内控制度体系

5.借力智慧校园，建立数据系统

依托智慧校园建设，按照"建、采、挖"的思路，以事实和数据为基础，遵循人人、事事、处处、时时的系统运用原则，建立校本人才培养工作状态数据系统，对现实工作状态进行常态化自我定位、诊断。

（1）建立人才培养工作校本数据系统。

①提升教育教学管理信息化水平，完善包括课堂教学、教师教研、学生学习、教学运行、控制反馈、家校沟通、学校安全管理一体化的管理系统，全面实现用户获取信息的一站式服务。

②搭建面向服务的数据总线，统一数据标准，实现数据来源唯一，完善中心数据库，构建学校数据仓库。

③借助云计算、大数据、物联网、移动互联网等技术，建设基于校内二级单位、专业、课程、教师、学生诊断与改进全流程的人才培养状态数据采集与管理系统，逐步将学校各项工作管理系统和平台与校本数据系统相对接，完善校本数据系统在人才培养工作过程中的状态分析、监控、预警、激励功能，为决策指挥、质量生成、资源保障、支持服务、监督控制五大系统提供数据和平台支撑。

（2）采集源头数据、过程性数据和实时数据。在教学流程和业务流程中，根据计划从源头进行采集，在实施过程中记录过程性数据，实时采集数据。一是在建设智能教学平台中，优化信息化教学环境，自动记录保存教师教学、学生学习的状态数据，各类数据做到可记录、可追溯、可分析。二是在建设智能业务平台中，优化业务流程，自动记录业务流程中的过程性数据，可从不同视角审视管理业务，从不同角度收集数据；数据可向下钻取，流程可向上追溯。由此实现通过基础数据分析，进行实时动态监测，利用过程数据进行诊断与改进，促进可持续发展。

（3）挖掘系统数据，促进质量管理。从三个层次挖掘数据背后所隐含的知识信息。第一个层次：基于校本系统过程控制，即根据规划、目标、标准对教学过程、业务过程设计相应的指标、绘制控制图和仪表盘等，设定阈值，在人才培养工作过程中实现自动状态分析、监控和预警。第二个层次：从横向、纵向不同方面，综合各业务部门的数据状态、成果数据挖掘学校发展、专业发展、课程发展、教师发展、学生发展的特征、特点，对各层面发展中出现的异常、瓶颈问题，采用共性分析、方差分析、因素分析等方法找到影响发展的关键因素。第三个层次：分析人才培养状态数据、第三方评估数据以及利用互联网技术挖掘社会对学校评估的数据，归纳学校各层面发展的特征及存在的问题，确保人才培养不偏离满足社会需求的质量目标，为学校规划设计和专业人才培养诊断与改进提供方向指引。基于数据信息的诊断与改进运行。

6. 建设质量文化，实行质量管理

将质量文化建设与校园文化建设相融合，挖掘质量文化引擎项目，培育特色质量文化。加强质量文化建设顶层设计，推进环境文化、制度文化、精神文化、行为文化建设，增强全体师生对质量目标、质量观念、质量标准和质量行为的认同感和使命感，建设具有社工人文、现代城市特色的现代大学质量文化，为学校事业发展和增强核心竞争力提供文化保障。

（1）营造环境文化。按照赋予质量文化内涵、彰显质量文化特色、营造质量文化氛围的思路，加强宣传思想活动阵地建设，合理规划学校新建工程的布局和造型，加强校园文化建设，打造内涵丰富、特色鲜明、生态和谐、环境优美的人文校园，彰显办学理念、办学方向、办学特色，实现环境文化育人。

（2）强化制度文化。借鉴先进质量文化成果，完善质量管理体系，以制度、标准和程序保障质量管理体系有效运行，以标准、程序和制度保障质量管理体系有效运行，促使全校教职工、学生形成自我定位、自我保证、自我诊断、自我改进的自主质量保证意识。建立质量保证文化培训制度，开展全员化、多层次、多角度的质量文化宣传、教育、研讨和实践活动，将质量观念内化为全体师生自觉遵循的行为准则。

（3）传承精神文化。深入研究、挖掘、锻造学校在长期办学过程中形成的历史积淀、文化内涵、办学特色等宝贵资源，大力弘扬"和谐共进、求实创新"的校风，以"敏学致用，厚德笃行"的校训和以"爱心、责任、服务、奉献"的社工人文精神为质量文化基础，在社会主义核心价值观指引下，秉承工匠精神，传承优秀历史文化，弘扬时代精神，树立文明新风，树立质量价值理念，使其成为广大师生员工的共同价值取向和行动指南。

（4）塑造行为文化。在保证人才培养专业知识质量前提下，强化教师的示范引领作用，以中华美德和各类规范引导师生行为，加强师生在个人认识、情感、信念、意志、言行和习惯等方面的涵养，时时处处体现质量理念、质量作风，将其内化为师生员工在工作、学习和生活中的自觉行为方式，实现师生修养行为水平整体提升，形成共性和个性相统一的积极向上的行为文化。

五、诊断与改进机制

按照"目标—标准—运行—诊断—改进"的质量螺旋递进思路，推进五个层面的诊断与改进。

（一）学校层面诊断与改进

学校层面以落实年度工作计划为抓手，按照学校、二级管理单位、三级管理单位的顺序，明确各项工作逐层执行主体，确定工作任务完成标准。

二、三级管理单位依据工作任务和工作标准开展工作，工作任务执行主体对任务进行事前、事中、事后自主诊断，分析问题、提出改进措施，形成二级单位诊断与改进报告。

学校人才培养工作校本数据系统会在各类任务执行过程中实时采集信息数据，自动分析工作执行情况，并对异常情况进行预警，从而进一步优化规划目标及任务标准。

学校将根据年度任务整体落实情况、各类项目建设情况以及过程管理成效情况进行自主诊断，形成年度质量报告和自我诊断报告，对发现的问题进行改进提升，从而保障阶段规划目标的实现。

（二）专业层面诊断与改进

在专业层面，各专业每年至少进行一次专业需求调研、就业市场分析、毕业生跟踪调研、用人单位满意度调查、学生能力测评情况分析、学生学业情况分析，撰写调查分析报告，作为专业设置调整、结构优化、人才培养目标和毕业标准修订的依据。

各专业以专业建设规划及实施方案为行动导向，结合学校及二级学院年度工作计划，依据专业质量标准，编制本专业年度建设计划，并依据建设计划进行专业自主诊断，形成自我诊改报告，然后根据自我诊断情况，调整计划目标，不断促进专业可持续发展。

在专业诊断与改进中，运用数据平台，实时采集专业运行状态数据，监测专业建设、专业资源配置、人才培养方案执行状态，反映到影响质量因素的坐标体系，形成专业层面"8字质量改进螺旋"，在对数据统计、分析的基础上，及时诊断与改进。

（三）课程层面诊断与改进

课程层面根据专业人才培养目标及人才培养方案，编制课程建设方案；组织课程团队，制订教学计划，编制课程质量标准，明确质量控制指标，实施课程质量管控。

教师在教学过程中实时进行教学反思，对照目标检验预期成效；教务处及二级学院组织教师对课程开展自主诊断，针对课程诊断中发现的问题进行改进；学校适时组织课程教学诊改，将改进效果与激励性措施挂钩，助推教师可持续改进教学；二级学院根据课程诊断报告，完善课程建设目标，促进课程可持续改进。

构建课程层面"8字质量改进螺旋"，紧扣课程教学等标准，关注课前、课中、课后三个教学环节，对课程教学与学生学习状态数据进行实时无痕采集并分析、预警，形成改进措施，不断提升课程育人质量。

专业（课程）层面诊断与改进运行图如图1-11所示。

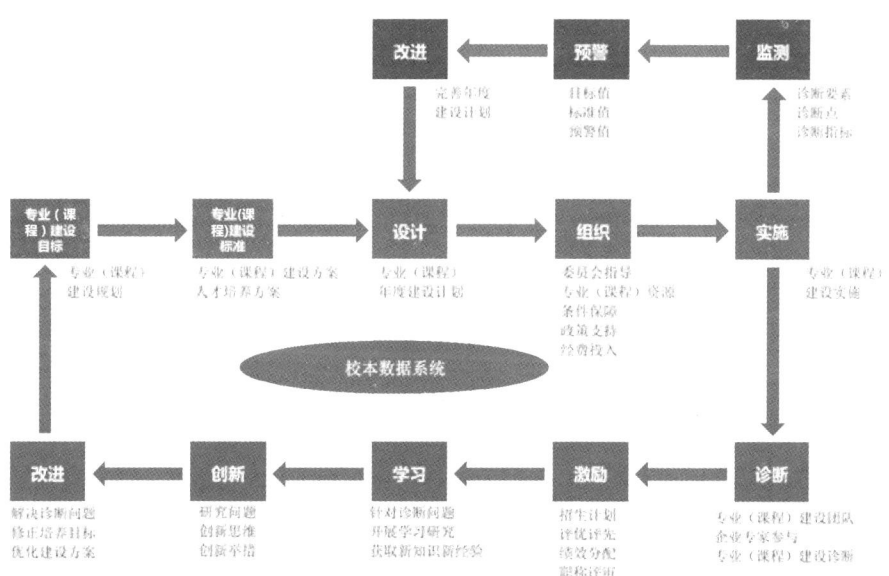

图1-11 专业（课程）层面诊断与改进运行图

（四）教师层面诊断与改进

教师层面以教师阶段发展标准为主线，将教师职称晋升、岗位聘任，"双师"型教师、骨干教师、专业带头人聘任，技能大师、名师、教学团队培育等融入教师发展标准体系，完善教师发展标准。

根据"十三五"人才与师资队伍建设规划和实施方案，以及教师发展标准，系统设计薪酬—生涯—培训激励提升机制以及教师成长发展体系，指导教师制定发展规划并实施，构建教师层面"8字质量改进螺旋"，开展自主诊断与改进。在薪酬分配、职称晋升、岗位竞聘等方面建立与教师发展标准相契合的内在激励制度和质量保证机制。系统运用学生评价、课程测评、工作履职等相关数据，开展与诊改相结合的考核，形成教师层面自我诊改报告，作为激励、绩效和可持续改进的依据。

教师层面诊断与改进运行图如图1-12所示。

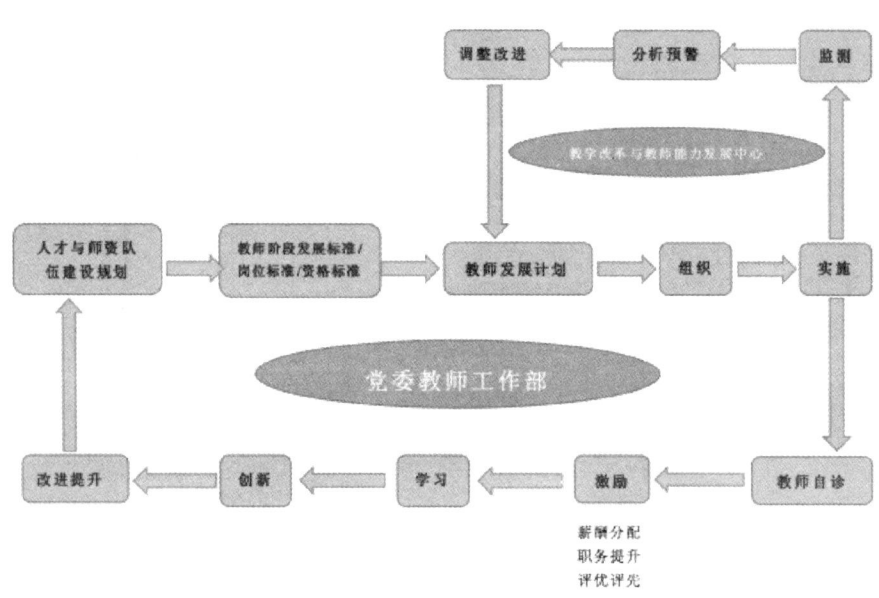

图1-12　教师层面诊断与改进运行图

(五)学生层面诊断与改进

在学生层面,编制基于满足社会需求的学生素质教育体系实施方案,制定学生发展标准,建立学生个人目标规划实施与观测体系,培养学生自主质量保证意识,采取以学生自我规划及诊断与改进为主,学校观测督促为辅的方式进行诊断与改进。

实施多角度观测,帮助学生对自身性格、行为特点、现阶段存在的长处和不足,形成较为全面的了解和评估。结合现实情况帮助学生确立适合自己的发展方向和目标。根据学生发展标准,指导学生制定个人发展规划,按照自我质量保证理念实施目标方案,充分利用信息平台的数据对学业发展、职业发展、素质发展和团队发展情况进行分析,依据数据进行自我诊断与改进,将结果应用于学生发展自我调适。学校为学生的发展提供资源保障,提供校园生活指导、学业规划指导、职业与就业指导、素质发展指导,组织学生自我诊断与改进,形成学生诊改报告,将结果应用于素质教育方案及实践的修正与改进。

通过信息平台实时采集并分析学生状态数据,观测学生发展状态,督促学生按照质量保证体系的要求对个人目标方案进行落实和自我诊改,对需要帮助的学生及时给予支持和辅导。

六、保障措施

(一)组织保障

通过构建工作团队切实加强学校党政对诊断与改进的工作领导,充分发挥各诊断与改进主体的积极性,结合"两学一做"充分发挥基层党组织与党员干部的先锋模范作用,在"三全育人"上发挥主动性和创造性,站在学校发展的全局,深刻理解构建内部质量保证体系的重要性,厘清工作职责,落实工作任务。

（二）制度保障

将内部质量保证体系建设及实施工作融入学校绩效常规工作，作为所有单位和人员工作效能的重要指标，建立对该项工作奖惩及问责的常态机制，落实各单位和责任人的主体责任，增强诊断与改进工作全员主体意识，助推学校形成内部质量保证体系运行内生动力。

（三）智力保障

成立学校内部质量保证体系诊断与改进专家委员会，承担学校内部质量保证体系构建工作中的政策咨询、业务指导、理论研究、人员培训、可持续改进等工作。

（四）资源保障

学校把诊断与改进方案确定的目标分解落实到各级单位与个人，通过把诊断与改进任务纳入常规工作经费或者专项经费，保障建设资金足额到位，合理调配人力资源、物力资源，为内部质量保证体系科学构建和良性运行提供资源保障。

"双高计划"背景下高职教育质量境界提升探讨

陈中耀　刘仲全　重庆城市职业学院　重庆　402160

中国特色高水平高职学校和专业建设计划（简称"双高计划"）是贯彻落实全国教育大会精神和《国家职业教育改革实施方案》落地推进的集中体现，"双高计划"坚持"引领改革、支撑发展、中国特色、世界水平"原则，建成一批具备国际影响力的高水平职业院校和支撑战略产业发展的专业群。通过"双高"项目建设不断增加学校的技术服务能力和国际化水平，最终实现人才培养质量提升。根据麦可思的2013届各类型院校毕业生的校友推荐度（在同等分数、同类型学校条件下，毕业生是否愿意推荐母校给亲朋好友去就读的比例）调查，本科院校校友推荐度为61%，"211"本科院校为74%，非"211"本科院校为59%，高职高专院校为58%。

本文中所提到的数据均来自麦可思《2014年大学生就业年度指标》。影响推荐度的因子主要有就业竞争力、毕业半年后的月收入、毕业生对母校生活服务态度满意度、对母校校园环境满意度等方面。

依据江苏省高校毕业生就业、预警和重点产业人才供应2013年年度报告,本科院校、职业院校普遍存在校友推荐度不高的现象。本文以校友推荐度的调查数据为问题切入,提出高职教育质量境界的新追求,从提供满意性教育质量境界向提供忠诚教育质量境界转变,从而实现学生对高职院校的认可和忠诚,提高高职教育的社会认可度和接受度。

一、教育质量关注学生满意度的理论基础

随着质量运动在教育领域如火如荼地展开,高等教育质量实现了从合规定性向合需求性的转变,学生作为与学校联系最密切的直接利益相关者,其满意度日益受到重视,本文主要通过理论解读和文献梳理解释教育质量中关注学生满意度的缘由。

(一)理论支撑

1. 全面质量管理理论

20世纪80年代,兴盛于企业界的全面质量管理理论开始对西方高等教育界产生影响。Edward Sallis 在《全面质量教育》一书中指出:"全面质量管理通过全员、全过程、全面的管理最终满足顾客的需求。卓越的企业及组织通过质量管理全面了解顾客的需求,并且专注于质量。他们发现成长与永续生存是因为服务符合顾客的需求。"[1] 众多学者逐渐意识到高等教育作为大型服务业,对全面质量管理理论的运用具有相似特征。ISO质量管理体系作为体现全面质量管理理论的一种质量管理模式,其核心依然在于对于整个组织的全部关键环节进行分析并通过流程管理进行控制,对关键流程进行指标定量分析形成质量控制点,通过PDCA质量循环不断提升组织的质量水平。全员参与作为全面质量管理八项原则之一,不仅强调全体员工作为质量主体具有创造、享受质量的责任与权利,同时要求企

业重视员工的培训与教育，提升质量意识、掌握质量管理方法、强化质量文化。

2. 利益相关者理论

利益相关者概念产生于经济领域，是与股东这一团体相对应的概念。长期以来，衡量一个企业的成功，仅仅被局限于满足股东团体的需要以及为股东创造财富。企业实践发展证明，仅仅追求股东团体的利益不异于自掘坟墓。[2]根据弗里曼的观点，利益相关者通常指"一切能够影响组织实现目标和提高价值，并反过来受到组织影响的个人或集体"，[3]任何组织都存在于内部利益主体和外部利益主体之中，企业想取得长远的发展必须要满足员工、管理者等内部利益相关者和投资主体、政府等利益相关者的整体利益。[4]企业的整体经济与社会目标，应该是为它的主要相关利益者团体源源不断地创造价值，而不是以牺牲其他利益相关者利益为代价，仅仅考虑某一主体的单独价值。[5]国内学者对利益相关者的概念做出了独到的解读和界定。贾生华、陈宏辉提出："利益相关者是利用资本、知识、劳动力等要素投入并承担风险，与企业之间形成相互影响、利益共享的共同体。"[6]李福华认为："企业是由多个利益相关者所构成的'契约联合体'，所以企业的所有者不能仅仅局限于股东，还包括所有利益相关者如企业的雇员、供应商和债权人等。"[7]因此，高职院校的质量提升从来都不是单一主体利益的实现，而是在时代的潮流里，合理权衡各类相关利益者的权益，实现学校整体利益目标。

（二）文献回顾

1. 高等教育（高等职业教育）质量评价

什么是高等教育（高等职业教育）质量？学者李福华认为，"高等教育的质量就是高等教育产品或服务满足学生及相关利益主体需求的高低程度,是衡量高等教育质量的一种价值判断。"[8]学者李志仁认为:"高等教育质量是高校在遵循人才培养与科学研究的规律基础上,整合相关资源,实现人才培养、科学研究和社会服务满足学生个性化发展和经济社会发展的充分程度。"[9]研究表明,高等教育(高等职业教育)质量涉及的利益主体增多,越来越强调利益主体的需求。

2. 从满意到忠诚的质量境界

追求不断提升的质量境界是高职教育发展源源不断的动力,如何界定高等教育(高等职业教育)的质量境界,不同学者有不同的看法。学者闵建杰从高职教育人才培养目标出发,认为高职教育质量境界经历以知识为目标的质量境界、以技能为培养目标的质量境界、以能力为培养目标的质量境界和以健全职业人格为培养目标的质量境界。[10]学者袁礼从大学的办学形式出发,认为高等教育具备三重境界:第一重境界——停留在模仿境界;第二重境界——上升到融入地方文化生态境界;第三重境界——土生土长完全按自由意志发展境界。[11]笔者从高职教育对利益相关者需求满足程度出发,将高职教育质量境界分为顾客感知质量境界、顾客满意质量境界和顾客忠诚质量境界。

二、利益相关者视角下高职教育质量满意的内涵与表现

运用利益相关者理论分析高职院校质量发展面临的问题,辨析和管理高职教育顾客群体是学校进行有效治理的重要准则,能够帮助学校科学决策和战略规划,以及有针对性、有的放矢地解决高职院校发展中面临的冲突与问题。[12]了解高职教育质量满意情况需借助利益相关者理论,全面辨析高职教育的利益相关群体。

（一）高职院校的利益相关者分析

1. 高职教育质量内部与外部直接利益相关者

（1）学生。高职院校的本质功能是教育学生，学生是内部教学服务与管理的核心利益相关者。学生承担了教育成本，有权对学校教学、建设、管理等方面满意度发表意见；学生作为学习主体，其学习参与度直接影响学生知识内化、能力掌握与素质提升程度，进而影响学校整体教学质量的优劣。

（2）教师。利益相关者理论认为组织内的员工作为与组织发展息息相关的利益团体，通过适合方式参与组织管理与决策，能有效提高灵活性与创造性，赋予组织鲜活力与创造力，最终实现组织与个人的共同利益。大学具有"教师治校"的传统理念，这是高等教育机构员工特殊性的集中体现。教师群体肩负着教学、服务与提供社会服务的重要使命。

（3）政府。教育公益性和市场化决定了政府对高职院校具有管理者和服务者的双重角色。政府通过实施教育体制改革、意识形态输出，并提供立法保证，对高职教育的发展进行监督管理，随着市场化程度扩大以及高职院校与工商界联系更加密切，政府和高职院校的关系逐步由单一管理、控制走向监督、协调和服务。

（4）企业。对于高职教育来说，企业是资源提供方，也是主要顾客。企业是高职院校重要资源提供方，通过校企合作、工学结构、产教融合等办学模式，参与高等教育专业建设、课程设计、教材编写、理论教学等教育环节。同时，高职院校培养的毕业生最终为企业提供强大的技术技能和智力支撑，作为高职院校毕业学生雇主，同时也是高职教育的主要顾客。企业与高职院校的深度合作以及对毕业生的评价也成为高职院校质量评价的重要影响因素。

2. 高职教育质量外部间接利益相关者

学者胡赤弟认为，大学的社会责任包括学术责任和服务责任。高等教育社会责任不仅包含人才培养、科学研究、社会服务，还包括促进社会进度和人类发展的方方面面活动。[13]同时许多学者从政府公共政策、财政政策等角度对政府制定支持职业教育发展的相关政策进行研究，政府作为外部的间接利益相关者对高等职业教育的质量起着重要的作用。除此以外还有许多学者从职业界、社会公众、社区、媒体等角度对高职教育质量的外部利益相关者主体进行研究。

（二）利益相关者的角色下教育质量观分析

高职院校是一种典型的利益相关者组织，众多利益相关主体与高职院校的发展密切联系，结合利益相关者理论，可将高职教育质量分为高职院校教学质量观、科学研究质量观和社会服务质量观。

1. 高职院校教学质量观

高职院校教学质量观是高职教育最基本质量观。学生希望通过学习实现知识增长、能力提升、个人发展；教师希望通过教学实现个人职业目标；政府通过法律法规，对教学质量提出基本看法和观点，希望高职院校通过教学活动发挥政治职能和公共职能进而满足政府的需要；企业通过资源投入、产教融合，对人才培养规格和教学方向提出要求，通过高职院校的教学服务，获得接受系统职业培训和知识培养的毕业生。

2. 科学研究质量观

当前，各国都将科学研究水平作为国家之间竞争的主要"砝码"，科学研究质量观是高职院校必须坚持的重要质量观。科学研究质量观主要从政府角度和企业角度探讨。政府主要是从竞争需要的角度来要求和衡量科学研究质量的，竞争性是政府科学研究质量观的主要特征。企业主要从实用需求的角度来要求科研质量，企业通过采取加大教学资源投入、改善科学研究环境等措施，希望从高职院校获得科技专利、实现成果转化、改善企业技术。

3. 社会服务质量观

每所高职院校都承担着国家和整个社会民众的期望：经济利益、文化利益、科技利益和慈善利益等。高职院校必须让政府满意，有目的地开展社会服务活动。社会服务质量观是以政府为主，结合广大社会民众意愿的重要质量观，高职院校通过提供社会服务，促进国家、社会与地区的发展和进步，进而保护和增加社会公众的利益。

（三）利益相关者满意性质量的表现分析

根据利益相关者与高职院校的密切程度，可排列出与高职院校利益联系最密切的是学生、教师、政府、企事业单位，其利益诉求与需要成为高职教育产品或服务质量功能的主要内容，这些利益相关主体对高职教育的期待和诉求概括起来就是"立德树人政府有要求、个性发展学生有需求、持续发展教师有追求、服务产业企业有要求"。[14]因此，根据不同利益相关者的需求，可将高职教育满意性质量分为几个维度：学生满意度、教师满意度、政府满意度、社会满意度。

三、质量共同治理视角下高职教育忠诚质量的内涵与表现

（一）质量共同治理高职教育忠诚质量的内涵

1. 高职教育忠诚质量是质量发展必然要求

高职教育领域以全面质量管理理论为教育质量管理理论基础，教育质量境界必然随着从满意质量到忠诚质量发展。随着高职院校的数量不断增

加和质量不断提升，高职教育越来越作为一种竞争性教育资源存在。学生和学生家长作为购买教育服务的消费者，有权在择校时全面考虑学校的口碑和形象，并在享受学校教学服务后，对学校的教育质量提出评价。高职学校保持良好办学口碑和社会形象，必然要实现从满意质量到忠诚质量境界的蜕变，以保持师生、合作企业、政府及社会人民积极的评价和正向的承诺。

2. 高职教育忠诚质量是满足需求新趋势

全面质量管理背景下的高职教育发展目标是满足各类利益相关者日益增多的需求和期望。实现学校的整体发展和质量提升，需要寻求程度更深的需求满足度，实现从利益相关者对教育服务质量满意，转向对学校提供的教育服务质量产生深深的依赖。从满意质量境界向忠诚质量境界转变是高职教育探索更深层次满足利益相关者需求的必然趋势。

（二）高职教育忠诚质量的表现

1. 学生忠诚度

对于高职院校来说，学生的忠诚主要表现在校友推荐度和重新选择本校的可能性两个方面。学生的忠诚主要通过态度和行为两个方面体现：态度忠诚表现为学生在认知、情感、意志上，自觉认可学校的办学理念和教学模式；行为忠诚表现为学生在行为举止中自觉维护学校利益，自发地为宣扬学校价值理念。

2. 可靠负责的教育质量

高职教育忠诚质量还体现在高职教育为社会提供一种可靠负责的教育质量：教育质量从策划到实施再到评价，形成了良性循环的质量保证环；高职院校具有清晰的发展规划和设计，把握本校发展特色，深入挖掘学校发展潜力，逐步形成一种可靠和稳定的教育质量；高职院校自觉自愿地承担社会责任，在社会服务和满足人民需要方面具有良好的表现。

四、高职教育质量提升的新境界

（一）树立现代教育服务理念，推进全面质量管理

改革开放40多年，高等教育经历了从少数精英化教育到大众化教育转变，高等教育不再是稀缺资源，而是必须在市场竞争中不断激发活力的教育服务组织，这就需要一场自上而下的思想改革，以树立现代教育服务理念，推进全面质量管理。树立教育服务理念，意味着高职院校要找准学校与企业的相似点，将学校招生和吸引资金资源的追求比作企业对顾客忠诚度的追求，那么学校追求的实现必然通过满足需求和提供高质量服务而实现。

（二）优化流程和制度为基础，培育质量文化为核心

高等职业教育质量提升的关键不仅需要一定的物质支撑，更需要在办学理念、文化培育和流程管理等软环境上补足短板。质量文化，包含组织在质量实践活动中逐步形成的物质基础、技术知识、管理思想、行为模式、法律制度与道德规范等因素及其总和。成功的质量文化可产生巨大凝聚力，使师生自觉成为质量主体，为学校质量境界提升努力，凝练为学校的核心价值观，一旦被社会接受并认可，便能更快提高学校质量忠诚度。

（三）构建教育服务治理体系，提升质量治理能力

推动学校质量忠诚，要考虑高职教育与各界各方紧密相连的社会属性，这就促使高职院校管理逐渐走向"去行政化、共同治理"之径。事实上除了政府之外的利益主体，诸如学生与家长、教师群体、市场主体、高职院校周边社区、社会资助方等，无法通过合法机构行使应有的话语权与决策

权，缺乏借助有效的管理机制实现共同治理的目标。[15]如何吸收利益相关者参与高职教育共治，推动高职教育管理改革？美国与欧洲国家对多元利益相关者共同治校的实践较为成熟，"多元参与、共同治理"的理念推动着高等教育领域管理改革的持续推进，不同国家高等教育都在吸收企业、教师，尤其是学生群体通过合法机构参与学校管理中获益。高职教育具有区域性和差异性，如何改革管理体制，探索共同治理途径不是生搬硬套，须立足本校办学特色和行政管理结构，积极探索共同治理的有效体系。

参考文献

［1］ SALLIS.全面质量教育［M］.何瑞薇，译.上海：华东师范大学出版社，2005：37-38.

［2］ CLARKSON. Corporate social performance in Canada［J］. Research in corporate social performance and policy，1988（10）：241-265.

［3］ FREEMAN. Strategic management：A stakeholder approach［M］. Boston：Pitman.1984：46.

［4］ 王保星.质量文化与学生参与：新世纪十年英国大学教育质量保障的新思维［J］.杭州师范大学学报（社会科学版），2012（1）：118-123.

［5］ CLARKSON. A Stakeholder Framework for Analyzing and Evaluating Corporate Social Performance［J］. The Academy of Management Review，1995，20（1）：112.

［6］ 陈宏辉.企业利益相关者的利益要求：理论与实证研究［M］.北京：经济管理出版社，2004：106.

［7］ 李福华.利益相关者理论与大学管理体制创新［J］.教育研究，2007（7）：36-39.

［8］ 李福华.高等教育质量：内涵、属性和评价［J］.现代大学教育，2003（3）：18.

［9］ 李志仁.我国应建立高等教育质量保障体系［J］.高教探索，2001（2）：2.

［10］ 闵建杰.论高职院校教育质量追求的新境界［J］.职教通讯，2014（29）：2.

[11] 袁礼.高等教育质量的内涵及三重境界[J].山东高等教育,2015(9):15.

[12] CHAPLEO,SIMS. Stakeholder analysis in higher education:A case study of the University of Portsmouth[J]. Perspectives Policy & Practice in Higher Education,2010,14(1):12.

[13] 胡赤弟.高等教育中的相关利益者分析[J].教育研究,2005(3):38-46.

[14] 李永健,李梦玲,黄东显."人民满意"的高职教育办学质量评价体系诠释与构建[J].中国职业技术教育,2018(13):81.

[15] 陈金圣.从行政主导走向多元共治:中国大学治理的转型路径[J].中国教育研究,2015(11):40-48.

基金项目

2018年重庆市教学改革研究重点课题"全面质量管理在高职教学诊断与改进工作中的应用与实践"(项目编号:182093,立项时间2018年7月,立项单位:重庆市教育委员会);2017年重庆城市职业学院委托项目"基于教学诊改内部质量保证体系构建研究"(项目编号:17XJWT008,立项时间2017年9月,立项单位:重庆城市职业学院)。

(本文发表于《辽宁高职学报》2020年第10期)

高职院校教师工作投入的结构模型与动力机制研究

沈铁松　重庆工商职业学院　重庆　400052

1　引言

高职院校教师职业倦怠是普遍存在的现实问题，如何缓解职业倦怠，提升工作绩效，增强教师满意度、获得感，是新时代加强高职院校教师队伍建设的关键。高职院校教师职业倦怠并不是一个简单的现象，而是社会、高等职业教育、学生和教师等多种因素共同作用的结果（张可，2011）。当前，高等职业教育生源复杂，招生就业压力大，专业设置和课程内容设计必须紧跟市场需求，对教师专业能力动态提升提出了较高的要求。新时代高职院校正逐步由参照普通教育办学向企业广泛参与的类型教育转型，职称评审等相关学校管理体制和外部评价体系都在发生变化，也会给高职院校教师带来压力和情绪上的不稳定。我国教育体制还不完善，职业教育没有得到社会的广泛认同，高职院校教师社会地位和收入待遇不如普通高校教师，进一步造成高职院校教师心理失衡、情绪低落，产生职业倦怠（刘小青，2008）。

如何缓解高职院校教师职业倦怠，保证有效的工作投入，提升工作绩效，管玮（2015）从争取国家社会支持提高教师地位、学校支持实施人本管理、做好职业生涯规划自我调节三个层面提出了建议。陈永进（2019）通过实证研究，认为良好的工作环境与社会支持能显著降低职业院校教师职业倦怠水平。石变梅（2013）实证研究了浙江省高校教师的工作投入与收入满意度和心理资本等工作资源的关系。但是这些建议都是宏观性的，缺乏针对性的内在机理分析。陈运平等人（2018）提出未来教师工作投入的四个研究领域，其中之一就是关于教师工作投入影响因素的作用机理。基于此，本文基于工作需要与资源理论针对教师个体心理动机分析，通过实证研究工作需要、工作资源、职业倦怠以及工作投入的内在作用机制，以寻求提升教师个体获得感和满意度。

工作需要与资源模型（The Job Demands-Resources Model）由荷兰人力资源管理学家巴克和德默罗蒂（Bakker & Demerouti，2007）提出，是人力资源领域探究员工职业倦怠和满意度的重要理论，普遍应用于包括教育在内的各行各业。Adil& Baig（2018）通过对巴基斯坦卡拉奇制药公司的实证研究，发现员工的工作负荷、缺乏自主等导致职业倦怠进而造成员工幸福感缺失。教育学者将这一理论引入到对学校教师职业倦怠和工作动机分析（齐亚静，伍新春，胡博，2016；Zhang & Chen，2017），认为影响教师职业倦怠和工作绩效的因素有很多，都可以归为两类：工作需要和工作资源。工作需要是指需要持续的生理或心理（认知和情绪）的努力或技能来完成工作，是工作的生理、心理、社会以及组织方面的要求，包括工作压力、任务的复杂程度以及角色的模糊性等。工作需要被认为是员工心理健康遭到损害的源头，它有可能导致身体疲劳和产生健康问题。被赋予的工作需要越多，员工产生职业倦怠可能性就越大。工作资源是指工作中的生理、心理、社会以及组织方面的资源，它能够促进工作目标的完成，降低工作需要和相关的生理和心理成本，激励个人成长和发展。工作资源是激励过程的源泉，是员工处理工作要求、达成个人目标、促进个人发展所必需的资源，包括工作支持、工作技能的多样性等，也是员工工作投入和组织承诺的重要预测因子。它可以激发活力、培养员工奉献精神。工作资源越丰富，员工获得感也越强。

国家职业教育改革对职业院校提出了培育适应产业发展需要的创新型高素质技术技能人才的新要求，其关键在于打造一支高水平的"双师"队伍。具体体现在国家、社会、学校以及学生等利益相关者对高职院校教师提出了更高的标准和更多的工作要求。工作需要是一个能量消耗的过程，为完成更多的工作内容，人们必须不断努力消耗能量。随着时间的推移，个人能量被不断消耗，若工作资源供给不上，会造成工作需要与资源失衡，工作压力会使教师慢慢地感到筋疲力尽，产生职业倦怠，影响心理健康。工作重塑理论（Van Wingerden，Bakker & Derks，2016）认为，员工出于自我保护的本能反应，就会自我降低工作要求，即不接受工作安排或者对工作敷衍了事，导致个人真实目标偏离组织预期目标。满足员工基本需求的工作重塑行为能提升工作投入和员工幸福感（Van Wingerden，Bakker & Derks，2017）。Thomas 等人（2020）通过对建筑行业员工的实证研究发现，组织干预下的工作重塑能有效提升员工的工作投入水平。为了避免出现目标偏离现象，学校必须适时对教师个人进行工作重塑干预，科学引导教师工作重塑行为，使之与学校的组织目标保持一致。因此，学校必须坚持工作需要和工作资源双轮驱动，保持工作需要和工作资源的动态平衡，在对教师提出更高工作要求的同时，增加相应工作资源的配置，引导教师始终保持高工作投入，获得高成就感，形成职业教育高质量发展的内生动力。

根据工作需要与资源理论，把教师的工作需要、工作资源两个变量确定为职业倦怠、工作投入的主要因素，同时职业倦怠也是影响工作投入的中间变量，研究模型如图 1-13 所示。

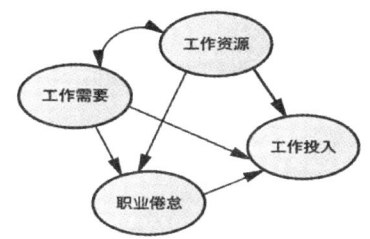

图 1-13　教师工作投入的内在机制模型

本文提出以下研究假设：

H1：工作需要对教师职业倦怠有正向作用

工作需要与资源理论认为，工作压力、任务复杂程度以及角色模糊等工作需要，会持续增加员工体力与心理努力成本，造成员工失望、焦虑、倦怠等消极情绪。职业教育正处于从普通教育向类型教育转型发展的阶段，对职业教师群体提出了更多更高的工作需要，这势必会在一定程度上给教师个体造成倦怠情绪，为此，本文假设高职院校的工作需要对教师职业倦怠有正向作用。

H2：工作需要对教师工作投入有直接正向作用

工作需要对教师工作投入的作用包括直接作用和间接作用两个方面，一是工作需要对教师工作投入的直接作用，二是工作需要先作用于职业倦怠变量，然后间接作用于工作投入。这也就是现实中，工作需要的增加既能刺激教师更加投入工作，也能引发教师的职业倦怠情绪进而降低工作投入。工作需要对工作投入最终形成的综合作用力，是正还是负，具有不确定性。

H3：工作资源对教师工作投入有直接正向作用

外部支持、工作自主、资源优化等工作资源的供给，赋予员工便宜行事权而不是滥用监督（Luu，2019），能有效降低员工体力与心理成本，助推员工目标达成，进而提升工作活力与员工满意度。为此，本文假设增加工作资源的投入能直接增强职业院校教师的工作投入水平。

H4：工作资源对教师职业倦怠有反向作用

职业倦怠又称职业枯竭，它是一种由工作引发的心理枯竭现象，主要表现为对工作丧失热情，情绪烦躁，工作态度消极，觉得自己工作没有意义。工作中负担过重，而又缺乏足够的资源来改变现状，只能用消极应付的心态来对待工作，人际关系变差、强烈认为组织待遇不公，从而引发职业倦怠症，影响心理健康。针对当前职业院校教师职业倦怠现实情况，本文假设通过增加工作资源，能够缓解或消除教师职业倦怠。

H5：职业倦怠对教师工作投入有反向作用

职业倦怠是一种负面的心理情绪，必然会引起教师对工作丧失热情，降低教师的工作投入，因此本文假定职业倦怠对教师工作投入有反向作用。

2　研究方法

2.1　研究工具

主要是研究问卷。包括两大部分：第一部分是被调查对象的基本信息，包括性别、年龄、职称、工作类型、工作年限、专业领域等，第二部分是测试题，涉及工作需要、工作资源、职业倦怠、工作投入4个方面的25个具体题项。如表1-17所示，其中工作需要层面，包括物质需要、情感需要、认知需要3个构念共9题，选自Zhang（2016）博士论文所用量表。职业倦怠，包括情绪衰竭、低成就感2个核心构念共6题，选自Maslach（1997）的教师职业倦怠量表（MBI-ES）。工作投入包括活力、专注2个核心构念共6题，选自Utrecht工作投入量表（UWES）（Schaufeli, Salanova, GonzalezRoma & Bakker, 2002）。工作资源，包括物资、组织、社会资源方面的 4 个测量题项，选自 Tan（2016）博士论文所用量表。本问卷采用李克特 5 级量表，设 1～5 分，1 分表示"完全不同意"，5 分表示"完全同意"，低成就感的 3 个测量题项是反向题，需反向计分。

表 1-17　测量题项及其来源

层面	构念	编号	测量题项	来源
工作需要	物质需要	XA1	当前我承担的教学工作量，让我感到疲惫	Zhang 博士论文
		XA2	我需要自己协调好教学安排和设备等问题	
		XA3	我感受到了学校行政干预教学的压力	
	情感需要	XB1	我需要努力去维护课堂教学秩序	
		XB2	我遇到了课堂上学生无动于衷的困境	
		XB3	教学工作上的各种标准和要求，让我感觉情绪不安	
	认知需要	XC1	我感受到了教学设计中满足学生个性化需求的挑战	
		XC2	我感受到了教学过程中需即刻回应学生提问的挑战	
		XC3	我感受到了教学工作需要贴近企业岗位需要的挑战	
职业倦怠	情绪衰竭	JA1	工作让我感到心力交瘁	教师职业倦怠量表（MBI-ES）
		JA2	工作中整天与学生和同事打交道，对我来说压力确实很大	
		JA3	我觉得学生或同事会把他们自己的问题怪到我头上来	
职业倦怠	低成就感	JB1	工作中，我能很有效地处理学生或同事带给我的问题	教师职业倦怠量表（MBI-ES）
		JB2	我在工作中做成了很多有意义的事	
		JB3	工作中，我能很冷静地处理情绪问题	

（续表）

层面	构念	编号	测量题项	来源
工作投入	活力	TA1	我对自己的工作非常热衷，充满热情	中文版Utrecht工作投入量表（UWES）
		TA2	我为自己所从事的工作感到骄傲	
		TA3	我所做的工作能够激励我	
	专注	TB1	当我工作时，我满脑子只有工作	
		TB2	当我工作时，感觉时间飞逝，总是不知不觉就过去了	
		TB3	当我工作时，我忘记了周围的一切	
工作资源	工作资源	Z1	学校现有的后勤保障与服务，能让我专心开展教学工作	Zhang博士论文
		Z2	学校现有支持政策，能让我获得资金支持去参加专业学习	
		Z3	学校现有教学资源供给，能满足我授课活动所需（教学设备和教学技术条件）	
		Z4	我认为领导重视我所做的工作	

2.2 研究样本

采用方便取样法，组织重庆市高职院校在岗教师通过问卷星匿名填写问卷，共收到有效问卷246份。调查对象中男女占比别为42.3%和57.7%，中级职称人数占37.8%、高级职称人数占31.3%、初级职称人数占30.9%，26—35岁年龄段人数占50%、36—45岁年龄段人数占38.6%、45岁以上年龄段人数占10.6%，工作年限10年以上的人数占47.2%、工作年限3～10年的人数占31.3%，专任教师占61.8%、辅导员占13%，所从事的专业领域35%属于理工大类、26%属于文化艺术大类、25.6%属于思想政治教育类。

2.3 统计方法

采用SPSS21.0进行数据录入和探索性因素分析，运用AMOS21.0进行验证性因子分析和结构方程模型分析。

3 研究结果

3.1 信度分析

表1-18是对7个构念对应的25个测试题项进行探索性因素分析结果。物质需要等7个构念的样本适当性度量值KMO为0.73~0.77，表明数据样本适宜做因素分析，工作需要、职业倦怠、工作投入3个层面的旋转因素负荷矩阵。

表1-18 各因素旋转载荷

工作投入			职业倦怠			工作需要			
因素			因素			因素			
题号	活力	专注	题号	情绪衰竭	低成就感	题号	情感需要	物质需要	认知需要
TA3	0.91	0.178	JA2	0.823	0.143	XB2	0.874	0.013	0.019
TA2	0.88	0.159	JA1	0.777	0.177	XB1	0.654	0.163	0.18
TA1	0.863	0.213	JA3	0.736	0.227	XB3	0.6	0.495	0.071
TB3	0.102	0.889	JB2	0.059	0.849	XA1	0.308	0.75	0.027
TB1	0.139	0.842	JB3	0.224	0.786	XA2	−0.052	0.737	0.019
TB2	0.338	0.748	JB1	0.359	0.627	XA3	0.515	0.64	0.031
						XC3	0.091	−0.002	0.826
						XC2	−0.12	0.366	0.77
						XC1	0.285	−0.186	0.663

工作需要层面包括物资需要、情感需要、认知需要 3 个构念。通过验证性因子分析可知，物资需要与情感需要高度相关，相关系数为 0.91；物资需要、情感需要两个构念分别与认知需要的相关性均低于 0.6，相关系数为 0.3、0.21。因此，将认知需要构念剔除出工作需要，后续研究分析工作需要层面只保留物资需要、情感需要 2 个核心构念。

通过对工作要求等 4 个层面 7 个构念进行信度分析发现：工作要求层面问卷的内部一致性系数即克朗巴哈系数（Cronbach's α）值为 0.768，其中物质要求与情感要求构念的内部一致性系数分别为 0.671、0.657。职业倦怠层面问卷的内部一致性系数为 0.765，其中情绪衰竭构念、低成就感构念的内部一致性系数分别为 0.727、0.691。工作投入层面问卷的内部一致性系数为 0.831，其中活力构念、专注构念的内部一致性系数分别为 0.888、0.805。工作资源层面问卷的内部一致性系数为 0.754。所有内部一致性系数均大于 0.6，符合信度检验标准（吴明隆，2017）。

3.2 结构方程拟合结果

运用 AMOS 21.0 对 7 个构念所组成的测量模型进行验证性因子分析，结果见表 1–19。除 XA2、XB1 外，所有潜在变量对应的测量指标变量的标准化因素负荷量（SFL）均介于 0.505 ~ 0.916，高于临界值 0.5（吴明隆，2017），且均通过显著性检验，表示测量模型的基本适配度良好，测量指标变量能有效反映其要测得的构念特质。此外，7 个潜在变量的组合信度（CR）都在 0.6 之上，表示模型内在质量理想。

表 1-19　验证性因子分析的数据结果

层面	构念	编号	SFL	P	CR	AVE
工作需要	物质需要	XA1	0.709	***	0.6679	0.4193
		XA2	0.383	***		
		XA3	0.78			

(续表)

层面	构念	编号	SFL	P	CR	AVE
工作需要	情感需要	XB1	0.373	***	0.603	0.3605
		XB2	0.505	***		
		XB3	0.829			
职业倦怠	情绪衰竭	JA1	0.724	***	0.7286	0.4727
		JA2	0.659	***		
		JA3	0.678			
	低成就感	JB1	0.604		0.6982	0.4363
		JB2	0.681	***		
		JB3	0.693	***		
工作投入	活力	TA1	0.825		0.8909	0.7318
		TA2	0.822	***		
工作投入	活力	TA3	0.916	***		
	专注	TB1	0.744		0.8092	0.5861
		TB2	0.744	***		
		TB3	0.807	***		
工作资源	工作资源	Z1	0.7		0.7536	0.4343
		Z2	0.613	***		
		Z3	0.621	***		
		Z4	0.697	***		

*** 表示 $P<0.001$

  本文测量题项 22 个，有效问卷样本数 246，有效问卷高于测量题项 10 倍（Bentler & Chou，1987），因而可采用结构方程模型。本文对工作资源、工作需要、职业倦怠、工作投入之间的关系构建了路径分析模型。运用AMOS21.0对该结构方程进行假设检验和测量数据拟合，模型拟合的主要指标为：CMIN/DF = 1.958，GFI = 0.875，AGFI = 0.839，RMSEA = 0.066，TLI = 0.894，CFI = 0.910，IFI=0.912。其中CMIN/DF小于1.96，RMSEA小于0.08，CFI、IFI大于0.9，其他指标均接近0.9的临界值，所以该模型的适配度较好。

本文结构方程拟合结果如图1-14所示，工作需要、工作资源、职业倦怠、工作投入4个变量之间的标准化路径系数的绝对值均大于0.41，绝对值最大的标准化路径系数为-0.99，反映的是职业倦怠对工作投入的作用程度，这表明本文提出的H1、H2、H3、H4、H5假设通过检验。

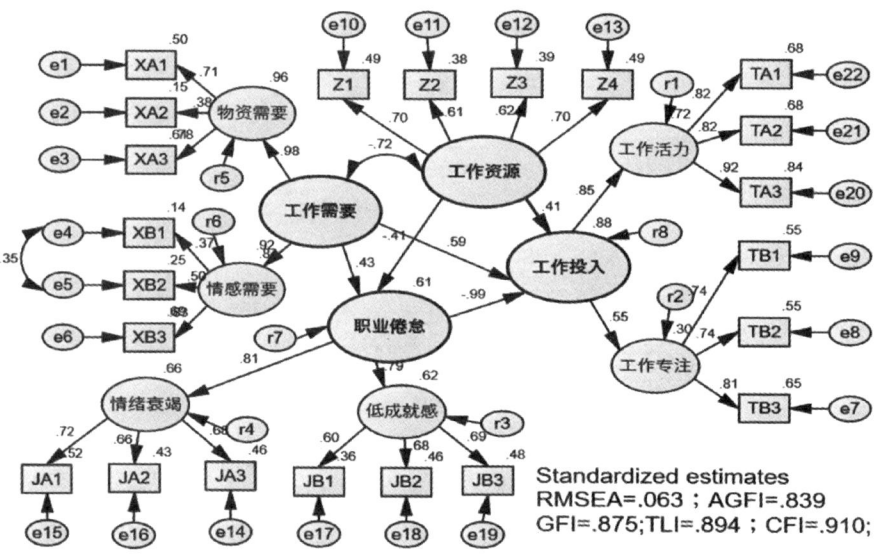

图1-14　结构方程模型路径分析结果

4　讨论

4.1　工作需要对教师工作投入的影响

职业院校教师工作需要对其工作投入的直接影响系数为0.587，间接

影响系数为 –0.427（等于工作需要对职业倦怠的影响系数 0.434 乘以职业倦怠对工作投入的影响系数 –0.985），综合影响系数为 0.160。这说明工作需要能直接激发教师的工作投入激情，同时工作需要也通过职业倦怠间接削弱教师的工作投入影响。教师的工作需要主要包括学校、学生等外部利益相关者对教师提出的工作要求，进而转化为教师自我的工作需要。对教师而言，清晰且具有挑战性、发展性的要求，具有激励作用，能够把人的需要转变为动机，使人的行为更聚焦目标，工作更加投入，这与洛克的目标设定理论（德鲁克，2009）是一致的。但是如果工作要求过高或过多，超过了教师的承受能力，就会导致情绪衰竭、疲倦等职业倦怠，进而对工作投入产生负面影响。

因此，职业院校在对教师提出工作要求时，切忌简单地一刀切，要尊重教师个性特征，给予更多的自主权，与教师本人一起设定清晰且具有挑战性的目标任务，关注教师职业心理健康问题并及时干预引导。

4.2　工作资源供给对教师工作投入的作用

职业院校教师工作资源供给对其工作投入的直接影响系数为 0.409，间接影响系数为 0.405（等于工作资源对职业倦怠的影响系数 –0.411 乘以职业倦怠对工作投入的影响系数 –0.985），综合影响系数为 0.814。由此可见，有效的工作资源供给能缓解教师职业倦怠，进而激发教师工作投入。新时代高等职业教育正处于向类型教育转型的关键时期，对教师队伍在专业知识、教学能力以及技术技能方面提出了更高的工作要求。打造高素质双师队伍，落实"三教改革"，都需要完善教师发展制度建设，保证有效且充足的工作资源供给。

4.3　工作需要与工作资源的动态关系

学校作为组织，对教师提出工作要求的同时，必须同步供给相应的工作资源，使得教师个体能够在工作需要与工作资源上实现动态平衡。工作需要被视为能量消耗的过程。为完成工作内容，教师必须不断努力消耗能量。随着时间的推移，个人能量被不断消耗，若工作资源供给不上，会造成工作需要与资源失衡，工作压力会使教师慢慢地感到筋疲力尽，产生职业倦怠，影响心理健康。为了避免教师工作重塑，自我降低工作要求，学校必须及时组织干预，精准识别教师的工作需要，个性化施策，增加外部支持和资源配给，帮助每一位教师实现工作需要与工作资源的再平衡，构筑教师个人与学校组织协同发展的命运共同体，提升教师满意度和获得感。

5 结论

（1）工作需要对教师工作投入的影响具有两面性，挑战性工作要求能激发教师工作投入，但过高的工作要求会产生更强的负面影响。

（2）学校可以通过工作资源的有效供给，帮助教师实现工作需要与资源的再平衡，缓解教师职业倦怠，提升教师幸福感、获得感。

参考文献

［1］ 陈永进.职业院校教师职业倦怠现状与影响因素分析：基于东、中、西部4所职业院校的调查实证［J］.职业技术教育，2019，40（33）：59-64.

［2］ 陈运平，李婷，罗序斌.教师工作投入研究动态与未来展望［J］.现代教育管理，2018（4）：61-66.

［3］ 管玮.高职院校青年教师职业倦怠的成因解析及应对策略［J］.职教通讯，2015（2）：64-67.

［4］ 刘小青.也谈高等职业院校教师职业倦怠问题［J］.教育与职业，2008（29）：145-147.

［5］ 德鲁克.卓有成效的管理者［M］.北京：机械工业出版社，2009：121-126.

［6］ 齐亚静，伍新春，胡博.教师工作要求的分类：基于对职业倦怠和工作投入的

影响研究［J］.教育研究，2016，37（02）：119-126.

［7］ 石变梅.高校教师心理资本、工作资源与工作投入关系的实证研究［M］.现代教育管理，2013（11）：50-55.

［8］ 吴明隆.结构方程模型：AMOS操作与应用［M］.重庆：重庆大学出版社，2017：12.

［9］ 张可.高职院校教师职业倦怠的消极影响与自我调适［J］.教育与职业，2011(6)：57-58.

基金项目

2018年高等教育教学改革研究项目"高职院校质量诊改内生动力机制研究"（项目编号：183261，立项时间2018年7月，立项单位：重庆市教育委员会）；

高职院校内部质量保证体系的建立与实施路径
——以重庆财经职业学院为例

蒋世军 曾升科 重庆财经职业学院 重庆 402160

随着制造强国和人才强国战略的实施，产业转型升级对人才提出了新要求，高职院校作为培养技术技能人才的重要阵地，现在必须转向质量提升和内涵发展，才能培养更多符合经济社会发展的人才。建立内部质量保证体系和实施诊改是新时代提高高职院校人才培养质量的一项新的制度设计，对职业院校强化自主质量保证意识非常重要。笔者所在学院根据文件要求和学校实际，对建立内部质量保证体系和实施诊改进行了积极探索。

一、建立高职院校内部质量保证体系的政策背景

（一）政策背景

从国家层面看，2015年5月，教育部印发《关于深入推进教育管办评分离促进政府职能转变的若干意见》（教政法〔2015〕5号），明确提出"建立健全政府、学校、专业机构和社会组织等多元参与的教育评价体系"，"引导和支持学校切实发挥教育质量保障主体作用，不断完善内部质量保障体系和机制，认真开展自评，形成和强化办

学特色"，标志着教育正式开启"管办评分离"时代。2015年6月，教育部办公厅印发《关于建立职业院校教学工作诊断与改进制度的通知》（教职成厅〔2015〕2号），提出在全国职业院校推进建立教学工作诊断与改进制度，全面开展教学诊断与改进工作。2016年5月，正式成立了全国职业院校教学工作诊断与改进专家委员会，并确定了9个省市27所高职院校为试点院校。2016年12月，教育部职业教育与成人教育司印发《高等职业院校内部质量保证体系诊断与改进指导方案（试行）》（教职成司函〔2015〕168号），提出了内部质量保证体系诊改的相关要求。2017年6月，教育部职业教育与成人教育司印发《关于全面推进职业院校教学工作诊断与改进制度建设的通知》（教职成司函〔2017〕56号），要求职业院校全面开展内部质量保证体系诊断与改进工作，实行省级负责推进，履行领导责任。

二、实施高职院校内部质量保证体系诊断与改进的重要意义

（一）促进高职院校履行主体责任

一直以来，高职院校人才培养质量的评价主要采用教育行政部门检查和评估等手段，学校更多依赖外部力量监督和评估标准，缺乏自主意识。通过开展内部质量保证体系诊断与改进工作，可以督促学校更好地履行质量保证主体责任。

（二）促进高职院校提升教学质量

高职院校内部通过教学督导、第三方评价、毕业生跟踪调研等方式开展教学质量评价，全面性、系统性、周期性都一定程度存在不足，对教学质量的内涵认识和标准把握不够科学。通过开展内部质量保证体系诊断与改进工作，要求学校从学校、专业、课程、教师、学生5个层面，根据自

身实际，系统梳理目标、建立标准，实施诊断与持续改进，可以强化各责任主体的质量监管措施，提高履职能力。

（三）促进高职院校管理更加规范

高职院校长期实行垂直管理模式，习惯于有安排、有检查才有行动，对质量的要求缺乏统一标准与规范，随着人员的变动，质量保证措施不具有持续性。开展内部质量保证体系诊断与改进工作，是在借鉴ISO9001质量管理体系理念的基础上，以规划为起点，以年度工作任务落实为重点，用标准检查各项工作，持续实施PDCA循环，直到最终达到标准为止。通过自我诊断、自我反思、自我改进、自我提高的过程，可以有效提升高职院校治理意识、治理理念和治理能力，促进管理服务更加规范。

三、高职院校内部质量保障体系诊断与改进的实施路径

（一）构建完善"5×5+1"的质量保证体系

基于"55821"的质量保证体系构架，笔者所在学院构建了"5×5+1"内部质量保障体系（表1-20），具体是指纵向5个系统、横向5个层面和1个数据分析平台。纵向5个系统包含决策指挥、质量生成、资源建设、支持服务、监督控制系统；横向5个层面包含学校、专业、课程、教师、学生质量主体；1个平台就是基于大数据分析的质量监测平台。

表1-20 "5×5+1"质量保证体系

五横\五纵		学校	专业	课程	教师	学生	备注
决策指挥	组织领导	学院质量保证委员会、学术委员会、教学工作委员会	教务处相关部门	教务处相关部门	人事处教务处相关部门	学生处团委相关部门	
	发展规划	1.学院章程；2.学院发展规划；3.系（部）发展规划；4.内部质量保证体系建设规划	1.学院专业建设与人才培养规划；2.各专业建设规划	各课程建设规划	1.师资队伍建设规划；2.教师发展规划	学生发展规划	目标链
	建设目标	1.学院整体发展目标；2.系（部）发展目标	专业建设目标	1.课程建设目标；2.课程教学目标	1.师资队伍建设目标；2.教师自身发展目标	学生发展目标	
	质量标准	1.部门岗位工作职责、管理制度、工作标准、工作流程、学院绩效考核办法；2.学院、系（部）质量保证机构、岗位设置、考核标准与考核制度	专业建设标准	1.课程建设标准；2.课程教学标准	1.学院师资建设标准；2.教师聘用标准；3.教师发展标准	1.学生学业标准；2.学生发展标准	标准链

（续表）

五横\五纵	学校	专业	课程	教师	学生	备注
质量生成（运行实施）	1. 学院年度工作计划； 2. 发展规划实施； 3. 内部质量保证体系运行； 4. 学院质量文化建设	1. 专业人才培养模式； 2. 专业人才培养方案； 3. 专业文化建设	1. 课程授课计划； 2. 课程教学实施	1. 教师教科研工作； 2. 教师发展	1. 学校学习； 2. 社会实践	操作链
资源建设（条件保障）	1. 人力资源； 2. 财务支持； 3. 校企合作； 4. 教学资源； 5. 安全保障； 6. 生活保障； 7. 文化保障	1. 校内外实训基地建设与管理； 2. 教学资源建设与管理	1. 教学条件； 2. 实训条件； 3. 资源使用	1. 教学设施； 2. 大师工作室； 3. 名师工作室； 4. 工作设施； 5. 生活设施	1. 学习设施； 2. 生活设施； 3. 校园环境	保障链
支持服务（制度保障与服务措施）	1. 学院发展规划管理规定； 2. 学院质量管理制度； 3. 质量事故认定管理办法； 4. 智能校园建设管理制度	1. 学院专业设置与调整管理办法； 2. 学院专业建设经费管理制度； 3. 校企合作管理制度； 4. 毕业生跟踪调研制度	1. 课程实施过程管理； 2. 课程实施环境管理； 3. 条件保证； 4. 文化管理	1. 教师研究与发展； 2. 发展保障； 3. 社会服务	1. 学业管理； 2. 就业管理； 3. 生活保障； 4. 安全保障	保障链

（续表）

五横＼五纵		学校	专业	课程	教师	学生	备注
监督控制	诊断改进	1.学院过程信息监测分析机制与质量预警制度；2.学院、系（部）自我诊改工作机制	1.专业预警机制；2.常态化的学院内部专业诊改机制	课程诊改机制	师德师风、教学能力、服务能力诊改机制	学习能力、学习风气、学业水平、品行等诊改机制	内控体系
	质量报告	1.学院质量年度报告；2.质量事故报告；3.学院内部质量保证体系运行报告	专业质量年度报告	课程质量年度报告	师资质量年度报告	1.学生发展年度质量报告；2.毕业生就业质量年度报告	
	外部评估	引入第三方评估	外部专业评估	外部课程评估	外部师资评估	外部毕业生跟踪调查	
构建智能校园管理平台（校情分析与智能决策系统、质量管理系统、专业管理系统、课程教学平台等）统一门户、业务管理系统等							信息链

（二）着力打造目标链和标准链

基于 SWOT 分析，按照 SMART 原则，依据学院"十三五"事业发展规划和各个领域的专项规划，拟定了各层面的质量目标体系（表 1-21），再根据实际情况，制定了质量标准体系（表 1-22），形成了内部质量保证体系的目标链和标准链。

表 1-21　质量目标体系

层面	主要目标	生成主体	规划依据
学院	1.学生、资产等各类办学规模； 2.综合办学实力水平，核心办学指标在国内、省区内排名情况； 3.办学层次定位； 4.校园建设水平； 5.信息化建设水平； 6.学院国际交流与合作水平	学院	1.学院事业发展"十三五"规划； 2.校园基本建设规划
专业	1.服务区域经济社会发展能力； 2.专业布局（专业集中度）； 3.专业发展水平； 4.专业竞争力	学院系(部)教研室专业带头人	1.专业建设与人才培养规划； 2.专业建设规划
课程	1.课程有效性水平； 2.课程目标、课程内容、课程实施、课程评价； 3.国家、市、校等各层级、各类型课程建设的数量。	各系（部）教研室课程负责人	1.专业建设规划； 2.课程建设规划。

（续表）

层面	主要目标	生成主体	规划依据
教师	1. 专兼职教师的数量、比例； 2. 专业、学缘、年龄、职称、学历（学位）、双师素质等各类结构； 3. 各级名师、专业领军人才、技能大师、专业带头人、骨干教师的数量及在院校和行业的影响力； 4. 教师科研与社会服务水平	学院系（部）教师	1. 师资与管理队伍建设规划； 2. 科学研究与社会服务建设规划
学生	1. 双证毕业；双证书获取率； 2. 德技双修；就业率、专业对口率、薪酬水平； 3. 工作胜任度； 4. 创新创业能力与水平，创业率	学生教师系（部）	1. 专业建设与人才培养规划； 2. 专业建设规划； 3. 课程建设规划； 4. 学生发展规划

表1-22　质量标准体系

层面	主要标准构成	参照标准
学院	各类在校学生数量；社会培训（含鉴定）人员数量；教职员工数量；各类资产规模；智能校园标准；普通高等学校基本办学条件指标；高等职业学校设置标准（暂行）	选取国内同类优秀院校，参照其相关标准
专业	专业设置标准；专业建设标准；专业预警阈值；停招（办）专业审批流程；实训基地建设标准；人才培养方案制订规范；人才培养方案实施规范	
课程	课程标准；教案编制标准；课件制作标准；课程资源建设标准；教材建设（选用）标准；课堂教学质量标准；实习实训（实验）标准；课程设计标准；顶岗实习标准；课程考核标准；网络课程建设标准；在线开放课程标准（院级、省级、国家级）；毕业设计（论文）标准	

（续表）

层面	主要标准构成	参照标准
教师	生师比；专兼职教师比例；各类结构的指标值；新教师入职标准；教师教学行为规范，专业技术职务评、聘标准；专业领军人才、专业带头人、中青年骨干教师选拔、培养、考核标准；兼职教师聘用标准；"双师"型教师标准；技能大师、教学名师评选标准；科研创新及技术服务团队建设标准	选取国内同类优秀院校，参照其相关标准
学生	学生毕业标准；学生发展标准；学生职业素质标准	

（三）建立大数据分析平台

在硬件设施上，主要采用了"学校投入＋企业投入"相结合；在信息平台上，采用"数据层、业务层、用户层"3层架构（图1-15），确定了以"大平台＋微服务"的方式构建。最终目标是建成具有财经类院校特点的智能校园，形成内部质量诊改的信息链。一是依据电信运营商完善网络基础平台建设，实现新老校区网络整合，建成IDC中心机房。二是将教务系统、学生管理、财务管理、资产管理、一卡通、学生顶岗实习管理、迎新等系统进行整合，实现统一门户、统一身份认证，消除信息孤岛。三是对接教育部人才培养工作状态数据采集管理系统，建设基于工作过程与状态实时采集的校本数据管理平台，构建课堂教学、教师教学科研、学生学习、教学运行、控制反馈、常规事项办理、后勤服务与安全管理的一体化管理系统，实现教师和学生发展的在线跟踪，基本实现学院管理的全方位校本数据平台功能和不同岗位角色应用。

（四）实施诊断与持续改进

根据梳理确定的5个层面的质量控制关键点，对照标准，通过"目标—标准—运行—诊断—改进"质量螺旋递进实施常态化自我诊改。在学校、专业、课程、教师 4 个层面实行考核性诊改，在学生层面实施测评性诊改。

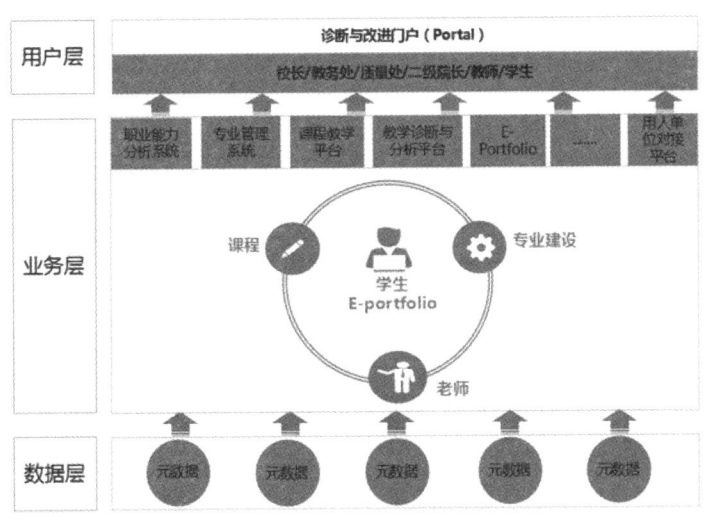

图 1-15　大数据分析与监测平台架构图

（五）树立现代质量文化

一是采用"请进来、走出去"等方式开展内部质量保证体系诊改专题培训，进一步树立"全员化、全程化和常态化"的质量管理理念，提升师生员工质量自我控制和保证能力，激发部门和个人内生动力，增强责任主体的质量意识，形成"人人发现问题，人人自我纠偏，人人自我完善，人人追求卓越"的质量文化氛围。二是开展"质量月"活动，从教学、管理服务等领域开展专项活动评比、表彰，让师生知晓"全员参与、精益求精、持续改进"的质量文化内涵。三是引入 ISO9000 质量管理体系，对全员进行培训，要求各级管理人员和骨干教师、专业带头人必须取得内审员认证，建立稳定的质量管理队伍。

参考文献

[1] 陈向平.高职院校内部质量保证体系建立与运行策略——基于诊断与改进的视角[J].职业技术教育,2017,38(20):29-32.

[2] 刘阳.高职院校内部质量保证体系建设的思考[J].职教通讯,2017(13):55-59.

[3] 郭景石.高职院校教学质量内部评价体系的新路径[J].教育与职业,2012(2):28-29.

[4] 温瑾.关于构建高职院校内部质量保障体系的思考[J].教育与职业,2011(15):29-30.

[5] 陈寿根,万里亚.高职院校内部质量保证体系的内涵、建构原则与实践模式[J].职业技术教育,2017,38(1):31-36.

高职教学诊改中督导的素养具备及观念更新刍议
——以重庆城市管理职业学院教学督导为例

陈德才　莫　堃　孙玉中　重庆城市管理职业学院　重庆　401331

笔者在学校多年的教学诊改和教学督导工作中，深刻感悟到欲要获得对督导对象行之有效的教学诊断，就要以认真和高度集中的注意力为前提；以丰富的教学经验、新颖的教学理念、观念和思想为基础；以听、看、想、记等协调活动为机制。表面上看，听课似乎是很简单的事，但要真正听出门道，真正品出味道来，并不是件很容易的事。高职教学督导人员的听课不是一般的听课，而是实现其职能（检查、监督、评价、指导、反馈等）的听课，要求更高，既需要先进的高职教育教学理念、理论和思想作指导，又需要一定的教学素养为支撑，还要具备听课的智慧和一定的技术要领。

笔者所在学校为全国职业院校教学诊断与改进工作试点院校，现就教学诊改中，督导应具备的听课素养和观念更新等谈一些看法。

一、高职教学督导人员应具备的听课素养

（一）与时俱进，加强学习，提高教学督导素养和听课素养

过往，高职教育改革集中于办学模式的转型，而现在则进入了对课程模式和教学模式的改革时期。就课程模式而言，已经出现了多种职业课程类型，如项目课程、基于工作过程的学习领域课程、行为导向课程等，教学模式（课型）的研究也进入了实践阶段。高职课程论、高职教学论、高职课程开发、高职课程整体设计、单元课教学设计的理论研究和实践研究蓬勃开展，高职教学理念、观念和思想正在推陈出新。在这种大环境下，高职教学督导人员必须与时俱进，加强学习，以崭新的高职课程和教学理念、观念及思想体系作为高职教学督导工作的指南。同时，还要把这些理念运用于高职教学督导实践中，诊断变革中的高职教学现象和问题，对每次听课获得的教学信息进行精致的处理加工，从感性认识上升到理性认识，从而提高自己的督导素养。

（二）广泛收集、整理课改和教改信息，提高听课品味

课堂教学是整个教学的核新和基础。如前所述，高职教学正处在攻坚阶段，职业类（即原有的专业课、专业基础课）课程正进入开发、组合、重构、整合阶段，教学课型也在演变、更新，涌现出许多新的教学科研成果。高职教学督导人员应当通过各种信息传播渠道以及听课的主渠道，广泛收集有关信息，进行梳理、整合，"为我所用"，掌握更多的教学督导听课技术和要领，提高听课的品位。

（三）熟悉现代教学设计技术，更好地把握教师的备课情况

传统教学把教师的经验性的课前的准备称为备课，而现代教学技术则将这种课前准备提升为运用现代教学理念、现代教学技术和艺术的课前谋

划、设计，称为教学设计，包括课程整体设计、单元课乃至每次课、每节课的教学设计，因此，教学督导人员熟悉现代教学设计技术及要领十分重要。事实上，教学实施过程及其表现正是教学设计的呈现，通过听课、看课，完全可以洞察其备课情况和教学设计能力。

（四）专心致志，充分掌握运用听课、看课要领

听课、看课务必专心致志，全身心地进入听课、看课状态。"用志不分，乃凝于神"，教学督导人员听课需要高度集中自己的注意力，形成专注力，来不得半点心猿意马，"身在曹营心在汉"的走神或茫然、迷迷糊糊的状态绝对不允许存在。听课，尤其是听单调、枯燥、无趣的课时，听课者稍不留神，就可能陷入疲劳状态。因此，教学督导人员必须养成全神贯注的良好听课习惯，做到不旁顾、不走神。

听课、看课也有个质量问题。要达到听课、看课有效乃至高效，必须充分掌握和运用观察要领。一节课是否成功，不仅在于教师教了多少，教得精不精，还要看学生学会了多少，学得精不精。所以，教学督导人员听课应从单一地注重听教师"讲"，变为同时看学生的学。做到既听且看、听看结合，重在对教、学双方的观察，重在看双方的沟通、交流和有效的互动，重在观察教学状态和过程是否能保证学习效果和质量。

第一，教学目标设计与表达是否正确，表达是否明确、具体、精炼，是否贯穿教学过程的始终，真正起到引领高职学生学习的作用。

第二，教学内容的选择和组织是否体现"五育并举""三全育人"的要求，是否恰当、适合职业需要，知识、技能是否适合高职学生的学情和学习风格，能否调动高职学生的学习需要、兴趣，激励他们的学习动机和学习行为，使他们积极参与学习活动。

第三，教学策略（模式、课型、方式方法、媒体、表达艺术）的设计

与实施、教学情境的设计是否恰当。

第四，学业的过程性评价设计和运用如何，是否有利于对学业的真实性评估，是否有利于促进高职学生的学习和优良学风的形成。

第五，学习过程设计是否有利于实现"教为主导，学为主体"，是否有利于教学目标的实现，是否有利于师生、生生交流互动。

第六，教学效果如何（主要看学生的学习状态是否积极，参与教学活动的程度，对教学内容的感知、体会，注意力集中和思维活跃的状态，知识和技能的掌握程度等）。

总之，要掌握听课评价体系和标准，把握听课、看课的要领，客观而全面地观察教学活动的全局和细节。

（五）变换视角，换位思考，做好教学诊断

以不同的角色，站在不同的角度听课看课，所得出的评价会有所差异。有时，教学督导人员和学生的评价会有所差异，甚至会大相径庭。因此，教学督导人员往往需要设身处地站在学生、教师和同行的角度观察教学，以便对整个教学做出客观、科学、全面、公正的评价。尤其是当督导评教与学生评价差异很大时，就要进行调查性听课，找出差异所在及产生的原因，或给予澄清，或给予矫正。

教学督导人员和高职学生在同一场所听课感受有所不同是很自然的。首先听课的目的、任务不一样，学生听课是为了掌握知识、技能，而教学督导人员听课是为了检查、评价、指导教学；其次，是认知基础和水平不同，学生对教学内容或者无知或者知之不多，而教学督导人员听课认知水平较高，对教学内容或者完全了解或者比较容易认知；再次，从思维能力看，学生的思维能力还处在养成或发展阶段，而教学督导人员的思维能力已经成熟。这些差异的存在使得教学督导人员听课时有时需要进入"学生"角色，

让自己置身在"学"的情境中,从学生角度发现教学问题,进行换位思考。有的教师学历高或资历深,授课不受学生欢迎,往往是因为缺乏对高职学生学情的实际了解,教学内容选择偏深偏难,教学策略设计不当(如讲多练少、灌输多启发少等)。教学督导人员从学生视角听课,就可以发现诸多此类问题,并给予针对性的指导。

教学督导人员听课有时还要进入"教师"角色,使自己处于"教"的情境中,体验教师的处境。所谓进入"教师"角色,就是要从分析学情出发,选择与组织教学内容,设计教学策略、结构和过程,设计过程性评价。进入"教师"角色,要防止两种态度:一是冷眼旁观,看不到督导对象的长处;二是过分地理解、同情,放松严格要求。

教学督导人员有时还要进入"管理者"的角色,从教学系统的高度分析教情和学情,对师生的"教"与"学"做出客观分析,既严格要求,又给予适当的指导。

二、高职教学督导人员应具有全新的教学观念

"会当凌绝顶,一览众山小"。全新的教学观念是听课、评课、导课的灵魂。要做好高职院校的教学督导,就要站在新时代高职教育教学改革、更新高职教学思想和观念的高度,观察、审视、诊断教学问题,评估教学水平和教学质量,并给予崭新的指导;反之,用陈腐的、过时的教育观念和思想听课、评课和导课,不仅不能给督导对象以帮助,还会产生误导,使自己陷入尴尬的境地。

当前,正是高职院校课程教学改革进入攻坚的阶段,新、旧职业教育教学观念、思想正经历剧烈的碰撞。有些教师存在的教学问题,与其说是教学方法问题,倒不如说是教学观念的陈旧、落后。例如从事职业教育类课程教学的教师仍固守学科类课程教学的观念、方式方法、框架,不肯改

变等。我们看到，传统教学观念中那些不合理性、不科学的部分还根深蒂固地支配部分教师的教学行为，捆绑着他们的手脚，使他们暂时还不能从旧的教学模式中挣脱出来。因此，教学督导人员在听课中首要的是诊断出教学观念问题，并在评课、导课的过程中，帮助督导对象认真学习高职教学理论，更新教学观念和思想。

（一）树立高职教学目标意识，由重传授知识向重发展职业能力、培养职业素质转变

传统教学以讲授知识为主，教师教书，学生念书，只重知识，忽视技能，只重分数，忽视能力和素质，即忽视了"人"的发展，根本不适合职业教育。如今的高职教育教学，应以人为本，以培养职业人为本，呼唤高职学生的主体精神和敬业精神，教学的重点要由重传授知识向培养职业能力和职业素质转变。这个目标的转变，是由教学过程的本质和时代的客观要求决定的。

首先，接受高职教育的高职学生都是一个个活生生的、有思想、有自主能力的人，既不是待灌的"知识瓶"，也非无血无肉的"木乃伊"。通过高职教学过程，他们既可以掌握知识技术，又可以得到智力的开发、能力的发展、情操的陶冶，从而形成具有良好个性和健全人格的职业人。所以，从教学过程的本质来看，教学过程既是高职学生掌握知识技术的过程，又是他们获得能力发展、潜能开发的过程。

其次，21世纪的到来，使具有社会主义特色的市场经济更加发展、科技竞争更加激烈。高职教育和其他教育一样，只是为了求得一张文凭的情况将不复存在，而是为了使人的潜能得到充分的发挥、个性得到更加自由和谐的发展，教育要贯彻学习者一生的始终。

回忆20世纪现代教学所走过的道路，大体上经历了一条曲折的发展

轨迹，即"知识本位→智力本位→能力本位→人本位"。从这个发展轨迹可以看出，今天的人们重视人发展的教育，是历史发展的必然，也是对教学本质规律的科学认知。

这种立足于人的本性教育，着眼于开发人的身心潜能，使学生在掌握知识、技术的同时，形成现代人的思想观念，掌握现代人应具有的本领，使他们在知识、人格、智力、能力、非智力、个性等方面得到和谐发展。由一个"自然人"转变为一个"社会人"。高职教学就是要把高职学生培养为一个能胜任职业工作的职业人。高职教学督导人员在进行听课、评课、导课的过程中，必须牢牢抓住这个目标。高职教师在施教过程中，从课程教学设计乃至每次课的教学设计与实施，都要明确地树立目标意识，并向高职学生明确地提出教学目标，激发他们的学习动机。

（二）树立主体意识，由重"教"向重"学"转变

传统教学以教定学，即以教师"教"为中心，学生围绕教师教，让学生配合和适应教师的教。时间长了，成了一种定势，学生习惯被动学习，没了主动性。这种状况不利于学生潜能的开发和身心的全面发展。

经过许久以来关于"教学主体"的论争，教育界已基本取得了共识，其正确性、科学性毋庸置疑，但是到教学实施过程并非易事。长期以来，师生习惯了传统教学。因此，必须花很大力气才能改变重"教"轻"学"的走势。

从目前高职教学过程的教学状态来看，仍然是重"教"的多，高职学生学习的主体性、积极性还没有真正地调动起来。因此，高职教学督导人员在听课、评课、导课过程中，必须首先树立主体意识，并在听课中注意这方面的观察，诊断这方面的问题。譬如，有一位教师积累的知识信息很丰富，又很会营造浓郁的课堂气氛，新词、新信息颇多，上起课来口若悬河，

语言幽默风趣，还带一些鼓动性，学生的情绪都被调动起来了，似乎是一堂很成功的课。但仔细琢磨起来，就会发现能给学生留下的值得回味的内容却微乎其微，实际上，这是一种"花课""假课"，抑或可称为"虚课"。教学督导人员听课，应当透过现象发现本质，给督导对象指出问题所在。对于高职教学而言，可以推荐尝试教学法、逻辑归纳型教学法、情景教学法、师生互动法等，使高职教师由重"教"向重"学"转变；同时，在教学过程中注重表现性评价，激励高职学生发挥学习主体性、积极性。

（三）树立实操意识，由重"结果"向重"过程"转变

传统教学及其学业评价，往往"重结果轻过程""重讲轻练""重记忆轻应用""重成绩轻积累"。

所谓"重结果"，即教师在教学中只重结论性知识教学的结果和学生的考试成绩。所谓"重过程"，即教师把教学的重点放在过程，放在知识、技能的感知、体验、归纳、积累、应用的整个过程中，这是使高职学生既掌握知识、技能的过程，又发展能力的过程。显然，过程远比结果更为重要。从高职学生的学情和学习风格来说，经验型的知识结构比理论型的知识结构更为实用。

高职学生的学习需经历（具体）感知→（抽象或归纳）概括→（实际）应用的认知过程。其中有两次质的飞跃：第一次飞跃即"感知→概括"，亦即在感知或体验的基础上，归纳出简明的结论；第二次飞跃即"概括→应用"，亦即将掌握的规律性的知识、技能应用于实际的过程。显然，只有学生经历这两次飞跃，教师才能实现教学目标。两次飞跃，都离不开真实的教学情境，离不开实践和经验，离不开联系实际的思维训练。

实训实习是高职学生学习知识、掌握技能、由懂到熟、由熟生巧的必经之路。高职教学督导人员在听课、评课过程中，要十分重视教师如何处

理讲与练的关系；重讲轻练、重练轻讲或精讲多练等提法和做法均不科学，也不切合实际，还是精讲精练、精讲巧练为好。

（四）树立情感意识，由教师主宰教学局面向和谐民主教学局面转变

中国古典教学理论认为，教学过程是知、情、意共同参与的活动。现代学习心理学研究证明，学习心理过程包括认知过程和情感意向过程两个过程。西方传统教学理论只看重认知过程，而忽略情感过程，从而丢弃了非智力因素（需要、兴趣、信念、情绪、情感、意向、意志、性格等）的动力作用，这也是造成当前高职学生厌学和课堂教学效率低的重要原因之一。

为什么现代西方教学理论开始重视情感在教学中的作用呢？

首先，学习者的认知活动，总是伴随着感受—情绪、情感体验—意向、意志、性格等非智力因素的参与而展开。凡是学习者认为需要的、有兴趣的，他们就愿意学、认真学、热情学；反之，认为无趣的、不喜欢的，就出现情绪障碍，任你怎么讲，就是听而不闻，或心生厌烦，或心有旁骛。

其次，师生的情感交流也直接影响教学效果。事实上，教学过程中最活跃最动人的是师生之间的关系，尤其是情感关系。受尊和自尊是人的基本需要。教师要充分尊重学生的人格，这一点非常重要。一位优秀的高职教师不但要重视在认知方面的投入，还要非常重视在情感方面的投资，注意以情感人、以情动人，努力创造平等、民主、和谐、亲切的教学情境与氛围；相反，有的高职教师只注意在认知方面下功夫，严格要求有余，而缺乏教学热情，往往不受欢迎。

教学督导人员在听课中应观察教师在"知"与"情"方面的处理，看他们是否做到情知结合，互为作用，相得益彰，看学生在学习过程中是否增加了对学习、对课程的情感，是否好学乐学。

教学督导人员在听课评课中要善于发现各位教师的教学闪光点、特殊点，在评课导课中激励他们创造自己特色的教学模式，形成其个性化的教学特点和教学风格。

三、结语

综上所述，教学督导人员要在国家高职院校"双高"建设任务的引领下，认真学习高职教育教学理论，更新教学观念及思想，具备一定的教学素养和听课、评课、导课的智慧以及一定的技术要领。诚如是，教学督导才能在教学诊断工作中发挥其应有的作用，催生更多的"金课"涌现。

参考文献

［1］ 付丹.试论新课程教师教学方式的转变［J］.教育与教学研究，2009（9）：10-11.

［2］ 孙亚东.高职院校教学督导工作实效性的思考［J］.天津职业大学学报，2010（2）：56-59.

［3］ 苏玉仙.高职院校实践教学督导的研究［J］.当代职业教育，2010（2）：31-33.

基于课型的多主体课堂教学质量评价体系的构建

柏占伟　张欣月　游普元　重庆工程职业技术学院　重庆　402260

前　言

　　课堂教学质量评价是源于教育初衷及教学评价标准，针对课堂教学中教与学活动效果进行的价值性判断。[1]课堂教学质量评价通过遴选的多评价主体对教师进行评价，发现课堂教学中存在的问题，及时进行反馈，提出相应的改进策略，推动学校课堂教学质量的整体不断提升。课堂教学质量评价是高职院校教学质量管理中非常重要的工作，各院校针对自身突出的教学质量问题，均实施了一些具体举措，制定了切实的课堂教学质量评价指标体系是高职院校办学质量的重要保障，能为高职院校的长远发展提供有力保障。[2]

　　高职院校课堂教学质量评价侧重教师的技术技能育人效果和实践教学效果。一是要考虑高职院校招生的生源结构和毕业面向生产、服务、管理一线等基础岗位的情况；二是明确高职教育培养的高素质技术技能人才，直接面向生产实际，教学必须紧贴岗位，注重实践性。[3]高职院校课堂教学质量评价根据自身特点和要求，基于课型分类多主体量化评价课堂教学质量尤为必要。

1 课堂教学质量评价的一些现状

1.1 评价标准相对单一

建立具体的教学评价标准是教学质量评价有效性的重要前提。主要是解决"如何评"的问题。[4] 没有课堂教学质量评价标准进行评价其实效性与公认度会质疑不断。过去存在评价标准单一化的倾向,描述性单因素评价指标成分重,评价标准的重点和个性化不突出,课堂评价的专业性受到质疑,不同教学风格难以展露,教学质量评价准确性值得考量。

高职院校课程应用型和职业化特点明显,已分为多种课型,不同课型必然存在各自特征属性,单一评价标准难以满足多课型教学质量评价。课堂教学质量评价标准单一化其实就是忽略了不同课型之间的差异化问题,评价标准缺乏针对性,难以适应和满足多课型评价的真实需求,其评价结果将会偏离真实性、客观性和权威性,必将影响课堂教学质量评价工作的持续性。

1.2 课堂教学评价指标指针性不够强

客观分析,笔者认为应把评价指标设计着眼于课堂本身质量的呈现。以我校为例,旧版课堂教学质量评价指标是把课前准备等没聚焦课堂质量本身的指标内容融入其中,导致评价标准相对发散,没能很好地瞄准课堂,致使课堂教学质量评价结果真实性尚存不够。因此,课堂教学质量评价标准的设计要立足课堂,评价的主客体要达成共识,针对课堂教学质量实际制定评价标准。

1.3　评价指标形成基础不厚实

高职院校课堂教学质量评价指标形成前期基础研究不扎实，缺乏广泛性、客观性，表现一是评价指标形成通常是凭借相关职能部门少数人员的主观判断明确的指标体系，缺乏普通师生参与制定过程和认同过程，课堂教学质量评价指标缺乏大数据支撑。当然，一些高职教学质量管理人员采用信息收集分析法对评价指标进行量化，看似科学，但却更侧重评价指标的简单罗列，其评价标准本身的客观一致性仍存质疑。表现二是评价标准检验期有限，实践中问题没有充分暴露，绝大多数高职院校靠行政力量推行，其评价标准的反馈改进机制还有待完善。

1.4　评价的多主体合力不够足

课堂教学质量评价除了严格依照评价标准外，需要同等重要的评价主体作支撑。主要是解决"谁评"的问题。[5] 评价主体通常是由学生评教和有限的学校督导人员构成，评价主体的广泛性普遍性没有得到体现。其他可能的评价主体例如学校领导、校内兼职督导、同行教师、企业人员等对教师课堂教学质量评价作用力微弱，评价的多主体合力作用于课堂教学质量评价需要不断增强。评价的多主体合力不足，导致课堂教学质量评价缺乏多层面多方位多评价主体效果，严重影响了高职院校课堂教学质量评价结果的可靠性和准确度。

2　课堂教学质量评价的多主体构成

教师课堂教学质量评价的主体选择，直接作用于评价结果的可信度。评价主体是教师课堂教学质量的评判者，从学校质量保障、二级教学运行管理、受教育者等角度去组建多评价主体。笔者经过调研分析认为，组建"三层六面"课堂教学质量评价主体，即学校、二级院（部）、学生"三个层"

主体，包含领导、督导、同行、企业、学生、二级院（部）内部考核"六方面"人员，前四个主体代表学校方面，后面两个主体分别是受教育者方面和二级院（部）方面。"三层六面"多评价主体重点着眼质量呈现、教育教法、专业引领、教学规范、学生受益等维度去测评课堂教学质量，使得评价结果不断趋于真实性反映。在实际操作中需要横向部门、多方面人员协同，共同参与到课堂教学质量的评价中去，才能持续做好课堂教学质量评价工作。[4]

多评价主体要以教育受益人学生评价为中心，不同方面评价主体在评价指标设计及评价权重上要有一定的区分和则重。[5]学校方面的评价侧重于学生职业能力培养、专业引导、教学启发、教学态度、教育教法、内容设计等；二级院（部）考核组评教侧重于从教师敬业表现、教学规范、教学行为等进行考核评价；学生评价则重于教师表达、互动、清晰度、易于接受和理解方面。不同主体归属于不同层面，共同构成多评价主体，多评价主体合力作用于课堂教学质量评价。

3 课型分类评价指标建构

对课程进行分类，建立各自的评价标准，是科学开展课堂教学质量评价的前提和基础。结合课程属性、课程定位、实施方法、教学场所等综合因素，按照大众认同，高职学院课程可分成理论课、实训课、体育课、顶岗实习课型。

结合我校开设的四类课程，课堂教学质量评价指标可以分成理论、实训、体育、顶岗实习四类课评价指标。领导、专兼职督导、同行评价用的四类课指标（包括理论课指标）是：目标设计合理，内容讲解清楚，方法选择得当，组织学生有效，育人引导合适；实训课指标：项目设计合理，项目讲述清楚，示范操作规范，组织学生有效，育人引导合适；体育课指标：项目设计合理，动作讲解清楚，方法选择得当，组织安排合理，育人引导合适；顶岗实习指标：制计划分任务，查签到快预警，看进展督学生，有记录强指导，巡走访要跟踪。

学生对教师评价用的四类课指标（包括理论课指标）是教师严、表达准、云平台操作熟、课件美，学生参与教学，教师讲清楚、学生懂，清楚所讲知识的用途；实训课指标：教师严、操作规范，教师课中行为规范，操作时巡回指导，讲清楚、听得懂，独立操作；体育课指标：项目设计合理，动作讲解清楚，方法选择得当，组织安排合理，育人引导合适；顶岗实习指标：制计划分任务，查签到快预警，看进展督学生，有记录强指导，巡走访要跟踪。

4 课堂教学质量评价方法

教师依据评价指标，通过线上或现场实施课堂教学质量监测评价，在学校云平台完成对评价数据填报和意见反馈，学生定期进行评教。在教师课堂教学质量综合评价中权重为 0.5。选取学生评教数据的要求是学生课程评教率不得低于 85%，学校评教系统中所取评教分以课程参评总人数为基数，剔除可能出现奇异的前 5% 的评教分和后 10% 的评教分，得出本门课程的最后学生评教分。

在课堂教学质量评价实施中，对照评价指标量化，加权对教师课堂教学质量进行评价，综合学生、督导和二级院（部）考核组三方面评教加权结果，形成教师课堂教学质量的定量化评价结果和定性化反馈意见。

统一学校专兼职督导、同行、领导、企业的评教归为督导评教，在教师课堂教学质量综合评价中权重为 0.4。督导评教取分是由学校专兼职督导评教、同行评教、领导评教、企业评教的听课评分汇总，根据听课次数计算求得。

二级院（部）考核组评教是由各二级院（部）教学质量考核小组根据自身特点，根据各二级院（部）在教师敬业表现、教学规范、教学行为等方面的考核细则评教，在教师课堂教学质量综合评价中权重为0.1。

先由式（1）进行数据处理，求得一个班对T教师一门课程的评教成绩C_b，然后由式（2）求得m个班T教师同一门课程的评教成绩C_k，再由式（3）求得T教师承担的所有课程学生评教成绩C_a。

同理，由式（4）知T教师的领导评教成绩D_l、同行评教成绩D_t、督导评教成绩D_d、企业评教成绩D_q，然后根据领导评教次数l、同行评教次数t、督导评教次数d、企业评教次数q，求得督导对T教师总评教成绩为D_a。同样，二级院（部）考核小组对所属T教师课堂教学质量评教成绩X_a由式（5）求得。

最后，给定学生评评教成绩C_a、督导评价评教成绩D_a、二级院（部）评教成绩X_a的权重分别为ω_1、ω_2、ω_3，由式（6）求得T教师的多主体综合评价成绩T_s。

$$C_b = \frac{1}{n - [5\%n] - [10\%n]} \sum_{[10\%n]}^{n-[5\%]} S_i \qquad (1)$$

$$C_k = C_{b1} + C_{b2} + \cdots + C_{bm} \qquad (2)$$

$$C_a = \frac{1}{k} \sum_{k=1}^{k} C_k \qquad (3)$$

$$D_a = \frac{1}{l+t+d+q} \left(\sum_{l=1}^{l} D_l + \sum_{t=1}^{t} D_t + \sum_{d=1}^{d} D_d + \sum_{q=1}^{q} D_q \right) \qquad (4)$$

$$X_a = \frac{1}{r} \sum_{r=1}^{r} X_r \qquad (5)$$

$$[T_S] = [\omega_1 \quad \omega_2 \quad \omega_3][C_a \quad D_a \quad X_a] \qquad (6)$$

通过上述评价方法，就可以得到全校授课教师的课堂教学质量综合评价结果，基于结果分析比较，可以发现相对授课质量高的教师人群。同时可对二级院（部）情况进行分析，对部门间的教学质量进行比较、查摆问题等，以促进教师整体课堂教学质量提高。

5 结论

用好课堂教学质量评价标准，发挥好督导、同行、二级院（部）、学生等多评价主体的合力作用，基于课程型分类评价，是有效推进课堂教学质量综合评价工作的主要因素。多主体合力作用于教师课堂教学质量评价，才能更广泛地反映教师课堂教学质量评价的效度。通过对教师课堂教学质量评价，不断地促进教师改进教学方法，提升教学能力，适应教学对象，增强教学效果。

参考文献

[1] 张瑜，沈玉洁.高校课堂教学质量评价的现状与对策研究[J].教育教学论坛，2018（9）：28-29.

[2] 吕国成.高职院校教学质量监控与评价体系存在的问题及解决策略[J].南方论坛，2019（5）：14.

[3] 雷珊珊.高职院校教学质量评价可行性建议[J].天津职业院校联合学报，2018，21（2）：41-44.

[4] 刘丽娜，杜艳秋.大学教师教学评价：发展逻辑、体系构成及多协同[J].江苏高教，2018（1）：44-48.

[5] 兰全祥，刘小英.多化教学质量评价方法研究与探讨[J].攀枝花学院学报，2019（3）：113-116.

让评教成为课堂教学诊改的重要推手

游普元　张欣月　重庆工程职业技术学院　重庆　402260

目前由于复杂的社会原因，导致正常的"学生评教"活动出现畸形。主要是社会功利浮躁的大环境对学生的负面影响，导致学生在评教活动中的功利色彩。当下，在我国的大学教学中普遍存在教和学之间的不和谐现象。学生责怪教师没有将心思放在教学上，而是将主要精力放在"有名有利"的科研上。教师则认为学生不好好学，课堂上不专心听讲，玩手机甚至接电话。在一门课程结束复习时学生希望教师划定考试范围，考试结束后要求教师放宽评分标准，给高分。这种师生相互对立的状态严重破坏了学校正常的积极向上的生态环境，如果不采取切实可行的有效措施，建设一流高职、优质高职就只能是我们的一个"梦"。

现代教育学强调，教师的思想道德素质要求教师应该具有"乐于接受学生评教、认真对待学生评教"的素质。作为一名教师，除应具备一定的专业知识与业务素质外，还应具备一定的思想道德素质，这种素质既是教师教书育人的道德基础，也是教师热爱这一职业、尊重学生、恪守职业道德与规范的前提条件，如果一位教师根本听不进学生意见，他就不可能热爱学生、尊重学生，不可能教书育人。因此，学生评教是"教师通过外部激励可以改进"这一命题成立的基础。

课堂是提高教育教学质量的最小单位。从本学期开始，我校全体学生利用"工程职院"校园 APP 对课堂实施"一堂一评"的评教方式，那么，如何正确认识评教、参与评教，正确认识评教与各主体之间的关系就成了急需解决的问题。

1. 评教与各主体间的关系

1.1 评教与教师的关系

评教的对象是教师。评教是课后学生对本堂课的直观感受进行的一个客观评价。教师是课堂的创造者和推动者，评教是"以评促教、以评促改"的一种手段，可以帮助教师自我认清、自我反思，改进不足，提高课堂反思的能力，了解学生对知识、技能的接收程度。学校也可以通过对评教结果的分析，了解教师个人的课堂表现，表现出教师工作表现是否符合学校的期望。而目前有些教师对学生评教存在对立情绪，是因为一些管理者错误地理解评教和使用评教结果造成的。

1.2 评教与学生的关系

评教的主体是学生。学生是课堂教学质量的参与者、享受者和践行者，根据理论课和实训课的不同，学生可在课后从校园 APP 上看到 5 个五角星（分别代表 5 个评教指标，5 星最好，1 星最差），然后逐个选星。这个过程需要学生认真对待、理智分析、结合实际，精选出 1 至 5 个星。准确的评教能够让学生享受更好的教学质量，学到更多、更适用、更有针对性的知识和技能。

1.3 评教与时间的关系

评教的延续是时间。课堂评教实行的是"一课一评",不是"一期一评",而且是在课后实时评价,确保学生对课堂记忆清晰,能够准确做出评价。学生每期需评教 200 余次,如何保证每次评教都能公平公正,评一次不难,难的是每一次都认真评教。评教是学校为提升课堂质量的举措,受益者将是学生自己。"不积跬步,无以至千里;不积小流,无以成江海",一个学生能把评教坚持做下去,必将成为一个有用的栋梁之材。

1.4 评教与学风的关系

评教的影响是学风。评教是在学生认真听课、与教师有和谐互动的前提下,才能完成对课堂教学客观、公正、理智的评价。学生如能认识到评教的必要性和重要性,势必营造出良好的课堂评风,以评风促学风,以评风促教风,以学风、教风促校风,因此,评教的最终影响是学风、教风和校风建设。

1.5 评教与质量的关系

评教的导向是质量。对课堂教学质量的重视,能够让教师、学生回归初心,回归课堂。作为教师,根据评教反馈,从授课内容重组、教材处理、教学目标确定等方面,反思学生的疑问,认真地准备每一课,将明显提升教师的责任心和事业心;作为学生,尊重教师的每一课,在教师的引导下勤于思考,乐于互动,勇于参与,提高课堂知识的接收度;学校从课堂开始抓质量,推进"以学生为中心,促使学生主动参与学习,进而实现全面发展"的课堂教学改革,将整体推进教学质量的提升,实现学生、教师、学校、企业、行业五方共赢的局面。

2　评教与课堂诊改的关系

诊改强调的是目标链和标准链，因此，完成诊改要靠质量生成主体的内因起作用，当内因的作用不明显或有滞后效应时，就需要学校加大外因的推动和促进作用。

课堂诊改的观测主体有学生、教师、教材等。而作为主体之一的教师，其诊断点的来源之一就是学生评教。学生评教中评价不是目的，目的是通过学生评价这一行为及其引起的结果促进教师回顾自己的教学行为，找出不足，采取措施改进。教师根据自身的基础、评教结果中的不足或学生的建议，找准诊断点，制订改进措施，制定教师自身发展目标、课程建设目标和课堂建设目标，完成课堂诊改"8字质量改进螺旋"循环。

通过评教，提高课堂教学质量，提升人才培养质量。形成"人人重视质量、人人创造质量、人人享受质量"的社会氛围，让评教成为人人受益的活动。

参考文献

[1] 吕路平，童国通. 基于五位视角的高职课堂教学诊断与改进体系构建[J]. 职业技术教育，2017（20）：51-55.

[2] 俞佳君. 以学习为中心的高校教学评价研究[D]. 武汉：华中师范大学，2015.

[3] 刘海. 教学诊断与改进：职业院校质量提升的内生动力[J]. 职业技术教育.2016（18）：19-23.

基于"质量诊断与改进"专业建设质量提升探索与实践

王清江　重庆工商职业学院　重庆　401520

2015年，教育部办公厅《关于建立职业院校教学工作诊断与改进制度的通知》及《关于印发〈高等职业院校内部质量保证体系诊断与改进指导方案（试行）〉启动相关工作的通知》，掀开了我国高职教育质量诊断与改进工作的序幕。现阶段，我国高职教育经过多年的高速发展，从办学体制、机制、专业课程建设及教学模式都有了很大发展，尤其是地方示范校和国家骨干院校建设极大地推动了高职院校整体发展。现在各地又开始了"优质院校"建设工作，各高职院校积极行动，追赶建设国内、国际一流高职校，势必推进高职院校又一轮更大的发展。但在高速发展的背后，各高职院校也存在发展粗放，内涵建设不足，专业建设质量亟待提升等问题。

一、现阶段我国高职院校专业建设存在问题分析

专业建设质量高低体现在人才培养的质量上：一是专业培养的人才是否是社会需要的人才，这是专业建设的基础；二是专业培养人才的岗位适应性和竞争力。现在唯

一性和垄断性的专业已不可能存在，在众多院校相同、相近专业之中，谁培养的人才更能满足社会的需求，那这个专业就是高质量的专业。

高职院校的根本职能是人才培养，是为学习者提供教育服务的机构，学校有别于企业，其产品是学习者能力培养和再提升，学校提供给学习者的教育服务是从某一或某类岗位需求出发，培养学习者的应用技术能力。既然高职院校提供的是教育服务产品，那该类产品的质量也同样与"人、机、料、法、环"五大要素相关。现阶段，专业建设质量五大要素存在问题如下：

（一）人的要素：能力提升慢

教育服务产品的提供者教师，其能力、素质、水平决定了教育服务产品的质量。但现阶段各高职院校师资队伍水平参差不齐，师资队伍整体能力不足，水平有待提升。而师资队伍建设，教师能力提升不是一朝一夕之功，需要长期投入与培养。因此，人的因素对专业建设质量提升是一个长期的过程。

（二）机（设施）的要素：设施更新慢

一是资金有限，教学设施无法紧随科技进步随时更新。办学离不开教学设施，教学场所、实训条件影响专业建设质量，如有足够多的资金来建设高大上的教学场所和实训基地，必会推动专业建设质量的提升。但现实情况是资金受限，不可能建设与实际工作岗位完全相同的教学场所，尤其是理工科类专业，实训场所需大量的资金，况且随着科技的发展、"四新"技术的采用，岗位的要求也在不断变化，教学设施不可能完全随科技发展随时更新。二是高职课程资源与专业建设目标契合度有待提高，现有高职课程资源多沿用相应本科课程的体系，注重知识系统性和理论性，无法满足高职应用技术岗位实践性教学内容。

（三）料（学习者）的要素：生源质量不高

教育服务产品是对学习者能力、素质培养的成效，因此，学习者参加学习初期的能力、素质就是该产品的现状材料，但高职教育面临的生源质量持续下降已是不争的事实，据统计资料显示：50%以上的高职学生存在厌学等问题。

（四）法的要素，教学模式单一：创新不足

一是现阶段教学模式仍是以课堂讲授为主，现代学徒制、混合式教学模式仍处于试点和探索阶段，尚未形成长效机制。二是课堂教学质量不高，教师多以完成任务为目的，对照课本完成讲授的内容，忽视了学生的学习效果。

（五）环境的要素：无法实现"双现场"

教学场所多为校内教室和实训基地，与现场相差甚远。现阶段，因校企合作不够深入，企业参与教学主动性不足，加之安全管理等顾虑，高职教学不可能引导大批学生到企业现场去完成学业的情况，无法有效实现学校、生产现场"双现场"教学。

综上所述，专业建设五大要素中均存在问题，归纳起来，有制度方面、资金方面的问题，有主观方面和客观方面的问题。制度和资金问题不是一时一刻能解决的，下面重点从专业建设目标和课程建设方面探索分析。

二、专业建设质量提升研究与探索

（一）专业建设质量提升工作总方案

专业建设与专业质量提升都源于需求，专业建设和提升质量动力来自

学习者能力培养需求和社会对人才的需求。在内、外部需求调研基础上，进一步明确专业发展的目标，包括专业建设目标和专业人才培养目标。专业建设目标是专业的发展目标，包括专业建设总目标、专业的学生人数等具体目标。专业人才培养目标包括培养人才的知识、能力、素质目标，在人才培养目标基础上进一步明确专业人才培养标准，再建立与标准一一对应的课程，形成专业人才培养课程体系。课程体系构建后，完成课程标准和课程建设目标，再构建课程课堂质量保证体系。从而构建专业建设质量提升全方位质量保证体系。专业建设质量保证体系如图1-16所示。

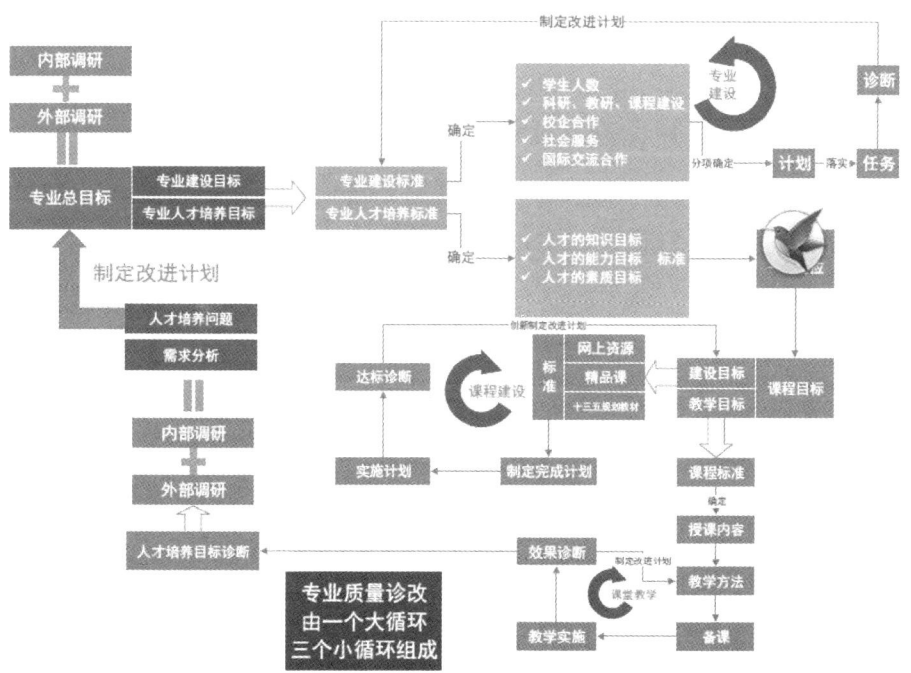

图1-16　专业建设质量保证体系图

（二）专业课程建设质量提升改进

1. 专业课程体系建设

在专业建设质量需求调研基础上，确定新建专业或调整既有专业人才培养目标、标准。再针对专业人才培养的知识、能力、素质目标和标准，一一对应设置专业课程，构建或调整专业课程体系，将原有课程体系中与人才培养目标无关的课程取消，调整与人才培养目标、标准对应不紧密的课程的内容和课时数量。同样，对应人才培养目标，增加原有课程体系中缺失的课程，从而构建与专业人才培养目标、标准相适应的课程体系。

2. 专业课程建设

专业课程体系构建完成后，依据课程所承担的人才培养分解目标、标准，编制每一门课程的课程标准，进而，确定课程的讲授内容。从而确保第一门课程标准和内容与专业人才培养目标相对应，并结合社会需求调研，可获取教材实际情况，确定每一门课程的建设目标和计划。课程（标准）建设要求如下。

课程（标准）建设要求

1. 课程名称：

2. 课程性质：

3. 课程定位：

4. 课程目标：

4.1 能力目标（岗位能力、对接工作任务等）：

4.2 知识目标（与工作任务岗位能力相对应知识点等）：

4.3 素质目标（职业素养等）：

4.4 发展目标（可持续发展能力、创新能力等）：

5. 学习情景设计

序号	学习情景	学时	学分	备注
	合计			

6. 能力任务训练

序号	能力任务训练项目	拟培训的能力	拟培训能力目标	支撑知识点	训练场景设定、方法、步骤	学时	学分	效果考核

7. 职业素养训练

序号	职业素养训练项目	拟培职业素养	拟培训职业素养目标	支撑知识点	训练场景设定、方法、步骤	学时	学分	效果考核

8. 创新能力训练

序号	创新能力任务训练项目	拟培训的创新能力	拟培训创新能力目示	支撑知识点	训练场景设定、方法、步骤	学时	学分	效果考核

9. 课程目录

9.1

9.1.1

9.1.2

……

（三）课程建设课堂质量提升改进

现阶段，高职院校课堂教学大多质量不高，究其原因：一是教学方法单一，以讲授法为主，未能充分调动学习者的兴趣；二是教学内容陈旧，高职教材多沿用本科的教材体系，偏理论教学，未关注学习者的现状和需求，学习者也就无学习兴趣；三是理论教学与实践教学结合不紧密，不能吸引学习者；四是师资的能力和水平满足不了教学需要，尤其是实践课程，一些教师自身也缺乏实践经验；五是教学评价滞后，一般每学期评教一次，造成学习者的学习效果和诉求不能及时反馈给教师，教师也就不能及时调整教学方法。

针对上述问题，课堂教学质量提升可从教学方法、教材及师资等方面综合制定质量提升措施。第一，教学方法上探索现代学徒制教学、混合式教学、理实一体教学等改革。第二，教材内容在前面分析研究基础上，可调整编制适用于专业建设质量提升的校本课件。第三，针对师资队伍能力方面，采取课程团队教学模式，团队成员兼顾教师年龄、经历，构建老中青结合的课程建设团队，课程团队成员共同研讨课程标准，编制教案和授课计划，共同完成课件资源，这样，既可弥补年轻教师实践经验不足的短板，又可以团队成员集体智慧共同完成课程教学，整体提升课堂教学质量。第四，改变评教模式，将每学期评教改为每月评教，通过学习者学习效果调研，听课及教学督导等多渠道采集课堂教学信息，并畅通信息传递途径，及时将教学信息反馈给教师。

三、专业建设质量提升实践

经外部专业需求调研和内部学习者及毕业后进入工作岗位学习者能力提升需求调研，以城市轨道工程技术专业人才培养方案为例，调整确定该专业人才培养目标和标准。并将知识目标分解为专业发展知识、专业核心知识、专业基础知识和个人发展知识四大部分，将能力目标分解为专业发展能力、专业核心能力、专业基础能力和个人发展能力四大部分。将素质目标分解为职业素养和个人发展素养两大部分。针对专业人才培养知识目标、能力目标和素质目标对应完成专业课程体系和课程标准，组建了课程建设团队，开展课程教学。深化校企合作，开展校企"双导师、双教学场所"联合培养试点改革。该专业学习者学习兴趣明显提升，课堂教学质量提升，推动了专业建设质量的提升。城市轨道工程技术专业课程体系见表1-23。

表 1-23 城轨专业建设课程体系

1. 专业建设目标：建设重庆市一流专业；
2. 专业建设标准：在校学生人数 300 人；教研教改项目市级 1 项，校级 2 项；课程：校级精品在线课程 1 项，完成出版教材 2 门；
科研任务指标：科研积分完成 20，校企合作深度合作单位 3 个及以上；社会服务：完成 10 万元以上；国际交流合作：推进国际交流合作

序号	目标		标准	课程		课程标准
				理论课程	实践课程	
1	知识	专业发展知识	掌握 BIM 技术及应用相关知识		CAD 与 BIM 应用	1. 掌握 CAD、BIM 技术基础知识； 2. 熟练掌握 CAD 与 BIM 操作技术
			熟悉装配式建造技术及管理相关知识		城市管廊、桥梁、盾构隧道施工及顶管工程施工综合实训	熟悉城市基础设施装配式建造技术，扩展知识视野
		专业核心知识	掌握施工技术相关知识	路基工程施工、桥梁施工、隧道与地下工程施工、轨道工程施工及维护	轨道工程综合实训	1. 熟悉隧道与地下工程构造及相应施工技术，掌握隧道暗挖法、盾构法施工技术及施工组织管理知识； 2. 熟悉桥梁结构构造及施工技术，掌握桥基础、墩、梁体预制及梁体架设施工技术，掌握桥梁施工组织管理知识； 3. 熟悉路基工程施工技术，掌握路堤、路堑施工技术及施工组织管理知识； 4. 熟悉轨道工程结构构造及施工技术，掌握有砟、无砟轨道施工技术及施工组织管理知识

（续表）

序号	知识	目标	标准	课程		课程标准
				理论课程	实践课程	
1		专业核心知识	掌握施工管理相关知识	城市轨道施工组织与管理		路基工程施工、桥梁施工、隧道与地下工程施工、轨道工程施工及维护
			掌握工程造价及计价程序及相关知识	轨道工程概预算		熟悉轨道工程造价组成、工程预算的程序，掌握工程计量计价方法
			掌握工程图识读绘制知识		工程识图实训	掌握工程图识读绘知识
			掌握工程测量相关知识	轨道交通工程测量	工程测量综合实训	掌握工程测量控制测量、放样测量等相关知识
		专业基础知识	掌握工程试验检测相关知识	工程材料与工程检测技术	材料试验工程检测实训	掌握工程试验检测相关知识
			掌握工程资料编制及管理相关知识		工程资料管理实训	掌握工程资料编制及管理相关知识
			通用专业基础知识	土木工程力学（1）、建设法规、工程地质与土力学		熟悉工程力学、建设法规、工程地质与土力学相关知识，应用上述知识解决工程问题。
		个人发展知识	熟悉现代商务、计算机等相关公共知识	计算机文化		熟悉现代商务、计算机等相关公共知识

（续表）

序号	目标	能力	标准	课程		课程标准
				理论课程	实践课程	
2	专业发展能力		具备BIM技术及应用能力		CAD与BIM应用拓展	具备BIM技术及应用能力
			基本具备装配式建造技术及管理能力			基本具备装配式建造技术及管理能力
	专业核心能力		具备施工技术能力	路基工程施工、桥梁施工、隧道与地下工程施工、轨道工程施工及维护	轨道工程综合实训	掌握路基工程施工、桥梁施工、隧道与地下工程施工、轨道工程施工及维护等施工技术能力。能编制工程施工组织设计、专项施工方案及技术交底书等
			具备施工管理能力	城市轨道施工组织与管理		具备轨道工程、铁道相关工程施工组织管理能力
			基本具备工程造价及计价能力	轨道工程概预算		基本具备工程造价及计价能力
	专业基础能力		具备工程图识读绘能力		工程图识读绘技能测试	具备工程图识读绘能力，技能测试达标
			具备工程测量能力		工程测量技能测试	具备工程测量能力，技能测试达标

（续表）

序号	目标		标准	课程		课程标准
				理论课程	实践课程	
2	能力	专业基础能力	具备工程试验检测能力		工程试验检测技能测试	具备工程试验检测能力，技能测试达标
			具备工程资料编制及管理能力		工程资料编制与管理技能测试	具备工程资料编制及管理能力，技能测试达标
		个人发展能力	基本具备计算机应用能力	计算机文化		基本具备计算机应用能力
			基本具备现代商务能力			基本具备现代商务能力
3	素质	职业素养	认识专业	城市轨道交通概论		认知专业，明确今年努力的方向
			认识现场		轨道工程综合实训	熟悉工程现场
			认识岗位		毕业预就业顶岗实习	熟悉岗位
		个人发展素养	体育特长、个人身体素质	体育（1）（2）（3）（4）		培养一项体育爱好
			音乐等兴趣爱好	艺术鉴赏		养成一项业余爱好

四、结语

质量诊断与改进工作没有终点，永远在路上，专业建设质量提升没有最好，只有更好。以人才培养质量持续提升为目标，以需求调研供给侧结构性改革为起点，分析调整专业建设目标、标准，对应建设相应课程体系、课程标准，关注专业建设"人机料法环"五要素质量诊断与改进，以课堂教学质量提升为基础，构建专业—课程—课堂三位一体专业建设持续诊断与改进质量保证体系，形成长效专业建设质量提升机制。并以城市轨道工程技术专业探索试点，构建了城轨专业建设目标及课程体系、标准，推进"双导师、双现场"校企联合教学，取得较好的效果，为高职专业建设探索一条有效持续提升质量的路径。

参考文献

[1] 中华人民共和国国民经济和社会发展第十三个五年规划纲要［EB/OL］.（2016-03-17）［2022-01-01］. http://www.gov.cn/xinwen/2016-03/17/content_5054992.htm.

[2] 国家中长期教育改革和发展规划纲要（2010—2020年）［EB/OL］.（2010-07-29）［2022-01-01］. http://www.moe.gov.cn/srcsite/A01/s7048/201007/t20100729_171904.html.

[3] 教育部关于推进高等职业教育改革创新引领职业教育科学发展的若干意见［EB/OL］.（2011-09-29）［2022-01-01］. http://www.moe.gov.cn/srcsite/A07/s7055/201109/t20110929_171561.html.

[4] 教育部关于开展现代学徒制试点工作的意见［EB/OL］.（2014-08-27）［2022-01-01］. http://www.moe.gov.cn/srcsite/A07/s7055/201408/t20140827_174583.html.

［5］ 教育部办公厅关于建立职业院校教学工作诊断与改进制度的通知［EB/OL］.（2015-06-23）［2022-01-01］. http：//www.moe.edu.cn/srcsite/A07/moe_737/s3876_zdgj/201507/t20150707_192813.html.

［6］ 陈运生，冯云龙，卢代夫，等.基于现代学徒制教学运行质量评价体系研究［J］.职教论坛，2017（8）：74—78.

［7］ 曹美红，赵丽萍.构建我国现代学徒制面临的障碍：基于制度学的剖析［J］.职教论坛.2017（3）：44—48.

［8］ 夏燕兰，王文凯.现代学徒制人才培养模式的探索与实践［J］.中国职业技术教育.2017（11）：91—94.

质量时代教学质量改进的实证研究
——基于教师行为角度

李 晗 曾升科 重庆财经职业学院 重庆 402160

一、引言

李克强总理提出的"质量时代"新概念，呈现的是"人人重视质量、人人创造质量、人人享受质量"的社会氛围。从20世纪70年代开始，在高等教育规模不断扩张、高校社会问责机制不断强化的背景下，高等教育质量和成果成为多数发达国家高等教育决策者和研究者的关注重点，尤其是在80年代和90年代后期，高校教学质量评估和研究成为高等院校研究的一个新的发展趋势。时至21世纪初期，在结束了持续7年的大规模扩招后，高等教育进入大众化阶段，与此同时，高等教育发展的重点也开始从此前的规模扩增逐步调整为深化教学改革，强化教学管理，提升教学质量。

《国家职业教育改革实施方案》提出要大力发展职业教育，并把提高职业教育质量作为重点。教育部《关于建立职业院校教学工作诊断与改进制度的通知》要求建立职业院校教学工作诊断与改进制度，切实发挥学校的教育质量保证主体作用教学效果，提高教学质量。教学效果的好坏是衡量教师教学水平高低的指标，因此教师为了能够在教育行业有一席之地及提高教学质量，就必须尽一切努力，以提高自身的教学效果。教师作为教学活动的组织者，在教学过程中起主导作用，其对课堂教学质量的影响已成为社会共识。一般认为，影响院校课堂教学质量的首要因素是教师的素质和水平，而教师素质和水平完整地体现于所有的教学活动中的教师行为。而影响教师教学效果的因素是多方面的，到底在哪些方面对教师教学效果有显著影响呢？因此基于教师背景、行为的角度，对各不同背景、不同课堂行为表现下教师教学效果，分别从教学设计、教学技能、教学过程和学习效果几方面进行比较分析，有利于了解教师行为的特点和把握教师行为的发展变化规律，抓住提高课堂教学质量的主要影响因素，对提高课堂教学质量具有显著的意义。

二、研究综述与理论分析

对课堂教学效果的研究主要体现在3个方面。一是教学效果评价研究。冯宝萍、袁志华等（2003）、李聪（2004）、熊继红（2009）、王昆鹏（2014）、郑午（2018）分别以高等学校、中学、旅游管理专业、网球课程、BYOD的翻转课堂为研究对象，构建教学效果综合评价体系，对教学效果进行评价；刘红（2004）从学生评教的视角，设计评价指标体系，期望改进教学效果评价方法。二是教学效果提升措施研究。杨云香（2008）研究影响课堂教学效果的原因，提出把握教学特点、创新教学理念、注重教学方法、积极运用现代信息技术，可以提高教学质量；薛峰（2018）针对中等职业学校学生的特点，认为维持和谐温馨的师生关系、创设活泼的课堂教学气氛能提高教学效果；李红（2018）分析模电课堂教学现状，认为利用Multisim仿真，知识点与实用电路联系能够提高模电课堂教学效果。三是教学效果影响因素研究。从教师的视角研究影响教学效果因素，兰文巧（2008）认为课堂教学过程中教师情绪好坏，会影响教学效果的优劣；张丽娟（2010）认为教师在教学中恰当地运用体态语言对提高教学效果，有着重要作用；代欢（2016）从教师教龄长短、专业性质、学历高低、性别等方面分析教学效果的情况，发现教龄较长、师范类的教师教学效果较好；赵立允，窦聚山（2010）认为教师的体态语能增强课程内容的形象性和生动性、沟通师生情感、维持课堂秩序，增强课堂教学效果。

对教师教学行为的研究集中于教学行为的结果类型和有效教学行为研究。傅道春（2001）将教师行为分为教师基础行为、教师组织行为与教师技术行为等三大类，为教师课堂教学行为的分析、解释与评价提供了理论依据。施良方，崔允漷（1999）等将教师所体现的教学行为划分为主要教学行为、辅助教学行为、课堂管理行为，对教师教学行为的诠释更为细致与系统。另外，唐松林等学者依据教师教学目标、课堂活动目标将教师行为结构分为三大类：基础系统、动力系统和效率系统。白益民（2000）通过综合分析教师的高效行为的典型特征，将影响教师行为的八因素概括为实质性互动行为、维持学生专注行为、教学的计划与反思等三类教学行为，其中帮助学生明确学习目标和课堂规范的实质性互动行为最为重要。

怎样的行为才是有效行为？国内的研究以思辨和经验总结为主，仅有少数学者采用实证方法研究课堂有效行为。王曦（2000）对有效教师和低效教师的课堂教学行为进行比较，结果发现：两类教师在提问方式和回答方式上不存在明显差异，但是在教学管理能力、教学监控能力、学生学习监控能力等方面存在较大差异，有效教师表现更好。陈旭远（2000）通过问卷调查法归纳得出：风趣幽默的教师教学行为，学生的学习效果最好；而严谨性、逻辑性和权威性特征的教师教学行为，学生的学习效果相较降低。着眼于中国高校教师，采用实证分析方法研究教师课堂教学行为对课堂教学效果影响，对规范课堂教学行为，提高课堂有效性，打造"金课"

有重要意义。笔者学习和借鉴相关学者的成果后，认为教师课堂教师行为可以分为展示行为、提问行为、互动行为、指导行为、管理行为、评价行为6类15种具体行为，设计了学生视角的《高职院校教师行为调查问卷》，对授课教师的具体课堂教学行为进行调查，然后采用经验分析方法，研究15种具体行为的不同行为倾向于课堂教学效果之间的关系。教师是教学活动的组织者，在教学过程中起主导作用，根据已有的研究经验与成果提出以下研究假设：H1-H15：不同的衣着类型、教学姿态、教学语言、教学方式、板书方式、课件类型、提问类型、回答方式、教学位置、课间交流情况、指导方式、时间管理方式、纪律管理方式、回答评价方式、作业评价方式对课堂教学效果有显著相关关系。

三、研究设计

（一）问卷指标设计

在设计问卷时，为教师展示行为、提问行为、互动行为、指导行为、管理行为、评价行为等15种具体行为，设计3个选项，体现不同教师该种行为的差异，分别取值 -1、0、1 来量化不同教师的某类行为。变量定义表见表1-24。

表1-24 变量定义表

序号	变量代码	变量名称	变量定义
1	Edu-qual	课堂教学效果	以所选课程期末考试成绩衡量；将样本期末成绩减去样本总体均值，然后除以样本总体标准差

（续表）

序号	变量代码	变量名称	变量定义
2	Clo-sty	衣着类型	如果学生认为教师衣着类型是不修边幅，取值-1；认为教师衣着类型是大方得体，取值0；认为教师衣着类型是时尚前卫，取值1
3	Gest	教学姿态	如果学生认为教师手势较少、表情凝重，取值-1；认为教师手势得当、表情自然，取值0；认为教师手势很多、表情丰富，取值1
4	Lang	教学语言	如果学生认为教师语言风格四平八稳，取值-1；认为教师语言风格抑扬顿挫，取值0；认为教师语言风格风趣幽默，取值1
5	Meth-tea	教学方式	如果学生认为教师采用课堂讲授、课下复习教学方式，取值-1；认为教师采用线上自学、课堂讲授教学方式，取值0；认为教师线上自学、课堂答疑教学方式，取值1
6	Wri-bla	板书方式	如果学生认为教师板书特点是仅板书关键字或无板书，取值-1；认为教师板书特点是简单明了，取值0；认为教师板书特点是内容翔实、条理清楚，取值1
7	PPT	课件类型	如果学生认为教师课件文字众多、色彩单一，取值-1；认为教师课件文字为主，言简意赅，取值0；认为教师内容以图片、视频为主，色彩鲜艳，制作精美，取值1
8	Ways-que	提问类型	如果学生认为教师采用提问类型是记忆型提问，取值-1；认为教师采用提问类型是分析型提问，取值0；认为教师采用提问类型是评价型提问，取值1
9	Ways-ans	回答方式	答题时采用点名回答方式，取值-1；答题时采用全班回答方式取值0；答题时采用自愿回答方式，取值1

（续表）

序号	变量代码	变量名称	变量定义
10	Loca	教学位置	在教学过程中，教师大部分时间立在讲台前，取值-1；在教学过程中，教师经常在讲台走动，取值0；在教学过程中，教师经常走到教室中，取值1
11	Commu	课间交流情况	在课间，教师离开教室，取值-1；在课间，教师会在教室休息，取值0；在课间，教师主动跟学生交流，取值1
12	Ways-gui	指导方式	教师对学生的作业或实践指导采用全班集中指导，分解示范方式，取值-1；教师对学生的作业或实践指导采用分组指导，分组示范方式，取值0；教师对学生的作业或实践指导采用个别指导，手把手教学方式，取值1
13	Time	时间管理	学生认为教师经常占用下课时间来完成教学任务，取值-1；认为教师都是在规定时间内完成教学任务，取值0；认为教师总是提前完成教学任务，留时间让同学总结，取值1
14	Disci	纪律管理	学生认为教师采用点名批评方式管理课堂纪律，取值-1；认为教师采用眼神、手势提醒方式管理课堂纪律，取值0；认为教师采用课后解决方式管理课堂纪律，取值1
15	Eva-ans	回答评价	学生认为教师对同学回答采用纠错为主的评价方式，取值-1；认为教师对同学回答采用先纠错后表扬为主的评价方式，取值0；认为教师对同学回答采用纠错为主的评价方式，取值1
16	Eva-hom	作业评价	学生认为教师对同学作业没有等级或分数评价，取值-1；认为教师对同学作业给予等级或分数评价，取值0；认为教师对同学作业给予等级或分数评价同时对错题有改正，取值1。

（二）问卷数据分析

通过网络形式针对学生发放电子问卷，收到来自重庆、湖南、山东、山西、内蒙古、海南、陕西、四川等职业院校的问卷859份。利用电子问卷质量系统，通过控制问卷填答时间、分析选项等因素，最终得到有效问卷492份。

1. 教师展示行为分析

从教师上课的着装、讲课的精神状态、讲课运用手势与眼神程度、讲课的语言风格、教学方式、板书特点与课件制作特点7个方面调研教师展示行为。从收集的调查问卷结果来看，95.73%的学生认为教师上课的着装大方得体；54.07%的学生认为教师讲课运用手势得当、表情自然，45.32%的学生认为教师讲课运用手势很多、表情丰富；96.95%的学生认为教师讲课的语言风格幽默风趣或抑扬顿挫；41.87%的学生认为教师仍然采用课堂讲授为主的授课方式；67.68%的教师仅板书关键字或无板书；89.63%的学生认为教师课件制作以图片、视频、文字为主、色彩搭配合理、言简意赅、制作精美。

2. 教师提问行为

教师提问行为中，72.82%的学生认为教师针对专业知识的提问类型多为评价型和分析型问题，大部分教师采用点名或自愿的方式回答问题。

3. 教师互动行为

教师互动行为中，41.87%的学生认为教师在教学过程中会在教室经常走动，53.87%的学生认为教师在课间会主动跟学生交流。

4. 教师指导行为

教师指导行为中，52.74%的学生认为教师对学生的作业或实践采用"针对全班同学指导，分解示范"的指导方式，只有16.02%的学生认为教师采用个别指导方式。

5. 教师管理行为

教师管理行为中,82.32%的学生认为教师能在规定时间内完成教学任务,90.45%的学生认为教师采用眼神、手势提醒或课后解决的方式管理破坏纪律的学生,说明教师在教堂纪律管理方面还是比较温和的,对学生也是给予了充分的自我控制的空间。

6. 教师评价行为

教师评价行为中,63.62%的学生认为教师对学生回答问题的评价方式采用"先纠错后表扬"的方式,仅30.28%的学生认为教师对课后作业的评价采用"对作业完善质量给予等级或分数评价,对错题有改正",说明教师对课后作业评价不够重视、不够仔细。

(三)模型设计

根据上述理论分析,将课堂教学效果(Edu-qual)作为应变量,将收集到的衣着类型、教学姿态、教学语言、教学方式、板书方式、课件类型、提问类型、回答方式、教学位置、课间交流情况、指导方式、时间管理、纪律管理、回答评价、作业评价等教师行为方式变量作为自变量建立方程进行回归,以便考察教师行为与课堂教学效果之间的统计关系。为此,我们设立了以下回归方程:

$$Edu\text{-}qual_i = \alpha_0 + \alpha_1 Clo\text{-}sty_i + \alpha_2 Gest_i + \alpha_3 Lang_i + \alpha_4 Meth\text{-}tea_i + \alpha_5 Wri\text{-}bla_i + \alpha_6 PPT_i + \alpha_7 Ways\text{-}que_i + \alpha_8 Ways\text{-}ans_i + \alpha_9 Loca_i + \alpha_{10} Commu_i + \alpha_{11} Ways\text{-}gui_i + \alpha_{12} Time_i + \alpha_{13} Disci_i + \alpha_{14} Eva\text{-}ans_i + \alpha_{15} Eva\text{-}home_i + \xi_i$$

四、实证分析

（一）描述性统计

然后运用 Eviews 软件对数据进行分析。得到课堂教学效果与每种教师行为的均值、最大值、最小值、标准差等描述性统计结果。课堂教学效果（Edu-qual）的最大值为 1.7654，最小值为 -3.7002，说明在被调查对象中，期末成绩差异还是较大（课堂教学效果差异较大），但是总体分布具有右偏特征；教学语言（Lang）、教学方式（Meth-tea）、课件类型（PPT）、教学位置（Loca）、课间交流情况（Commu）、指导方式（Ways-gui）、作业评价（Eva-hom）等指标最大值都为 1，最小值都为 -1，标准差都大于 0.6，说明不同被调查对象对上述教师行为感知存在较大的差异。

（二）相关性分析

相关系数为 0，说明两个变量之间不存在相关性；相关系数为 1，说明两个变量之间存在完全正相关；相关系数为 -1，说明两个变量之间存在完全负相关。相关系数的绝对值越大，说明变量之间存在较大的相关性。相关性高的变量用来进行回归分析，可能会使模型具有多重共线性，影响回归结果的可靠性。

通过 Eviews 软件对课堂教学效果指标变量和 15 种教师行为指标变量之间的相关性进行分析。从统计结果可以看出，各变量之间的相关性系数的绝对值都没有超过 0.3，说明本项目选择的变量适合用来做回归分析。

（三）回归结果分析

为检验 15 种教师行为与课堂教学效果的相关性，按照设定的模型，然后运用 Eviews 软件对数据进行回归分析，结果见表 1-25。

表1-25 回归结果表

变量	估计系数	残差	T统计值	P值
截距	-0.4228	0.1480	-2.8561	0.0045
Clo-sty	-0.1537	0.2198	-0.6991	0.4848
Gest	-0.0668	0.1060	-0.6299	0.5291
Lang	0.0603	0.0595	1.0144	0.3109
Meth-tea	0.0383	0.0681	0.5624	0.5741
Wri-bla	0.4034	0.1508	2.6752	0.0077
PPT	0.1168	0.0827	1.4122	0.1586
Ways-que	-0.2564	0.0939	-2.7303	0.0066
Ways-ans	0.1582	0.0828	1.9101	0.0567
Loca	-0.0273	0.0571	-0.4786	0.6324
Commu	0.1349	0.0777	1.7357	0.0833
Ways-gui	-0.0815	0.0619	-1.3171	0.1884
Time	-0.2656	0.1192	-2.2281	0.0263
Disci	0.0378	0.0886	0.4265	0.6700
Eva-ans	0.1062	0.0769	1.7107	0.0880
Eva-hom	-0.0267	0.0646	-0.4128	0.6799
R平方值	0.0886			
调整R平方值	0.0599			
F统计值	3.0905			
P值（F）	0.0001			

表1-25结果显示，高职课堂教学效果各影响因素的多元线性回归模型中，F统计值在1%的显著性水平下显著，说明回归方程通过了显著性

检验，回归结果整体显著。

衣着类型、教学姿态、教学语言与课堂教学效果估计系数的P值都大于0.1，也就是说教师衣着类型、教师姿态差异、教师语言风格差异等展示行为对课堂教学效果不存在显著的相关性。说明衣着、姿态、言语行为是职业的基础要求，课堂教学效果的好坏与这些行为差异不存在明显的线性关系。而教师的板书行为与课堂教学效果高低存在显著的正相关关系，这表明与没有板书的教学行为相比逻辑清晰、内容翔实的板书能带来更高水平的课堂教学效果。

提问类型与课堂教学效果估计系数是-0.2564，P值0.0066，说明教师提问类型与课堂教学效果存在显著的负相关关系，即采用记忆型提问方式更有利于提高教学成绩。针对记忆型专业知识提问，更加有利于学生掌握专业知识，同时由于高职学生的知识面较窄，理解力较差，难以对评价型问题给出逻辑清晰、观点新颖的答案，所以高职学生倾向记忆型提问方式。

回答方式与课堂教学效果的估计系数是0.1582，P值0.0567，说明学生回答问题方式与课堂教学效果存在显著的正相关关系，采用学生自愿回答的问题的方式比点名回答方式或全部齐答方式更容易提高教学成绩，因为自愿回答的方式，更加容易提升学生的积极性和主动性，主动回答的学生对相关问题答案应该比较准确，同时也能提升学生的成就感。

在互动行为中，课间交流情况与课堂教学效果的估计系数是0.1349，P值0.0833，说明教师课间与学生的交流情况与课堂教学效果存在正相关关系。这表明在课间休息时，同不与学生交流或被动跟学生交流相比，主动跟学生交流的教师行为更容易提高教学成绩。

时间管理与课堂教学效果的估计系数是-0.2656，P值0.0263，也就是说教师时间管理行为与课堂教学效果存在明显的负相关关系，与总是提前完成教学任务的教学行为相比，经常占用下课时间完成教学任务的教学行为更容易提高课堂教学效果。这类教师虽然对课堂时间管理有待改善，但该类教师在课前备课时，有系统的教学设计和完整的教学内容安排，因此能显著改善课堂教学效果。

回答评价与课堂教学管理的估计系数是 0.1062，P 值 0.0880，说明教师对学生回答问题评价与课堂教学效果存在显著的正相关关系，既采用以表扬为主的评价方式，更容易激发学生对专业课程的学习兴趣，能明显提高课堂教学质量。

五、结论与建议

（一）研究结论

从学生视角调查了解他们心中高职教师课堂教学行为的具体行为特征，从展示行为、提问行为、互动行为、指导行为、管理行为和评价行为 6 个维度进行分析、归纳、总结，得出以下结论：

经过调查统计，学生普遍认为高职教师上课时衣着类型大方得体，肢体手势运用得当、表情自然，语言风格抑扬顿挫，说明大部分高职教师经过严格的招聘考核程序和入职培训，都已具备基本的从教能力和素质。但是仍有半数的教师采用传统的"满堂灌"教学方式，课程教学改革的力度有待加强，对学生的课后作业评价存在应付和敷衍现象。

实证研究结果表明，教师衣着、教师姿态、教师语言风格差异对课堂教学效果好坏不存在显著的差别，说明衣着、姿态、言语行为是教师职业的基础要求，此类教师行为只需满足行为规范即可，课堂教学效果的好坏与这些行为不存在明显的线性变化关系。高职学生认为，教师书写逻辑清晰、内容翔实的板书，采用记忆型知识来提问方式，采用学生自愿回答问题的方式，在课间与学生主动交流，经常占用下课时间完成教学任务，以表扬为主的评价方式等课堂教学行为能显著提高课堂教学效果。

（二）建议

1. 高职院校应强化教师基本素养能力的考核与培训

高职院校在人才引进考核时，应该转变考核关注的重点，变重视考核招聘教师的学历和专业知识为重视考核招聘教师的职业基本素养能力。由于大量新进教师并非师范专业毕业，没有经历系统的教师职业能力训练，所以在入职培训时应重点强化教师基本能力的培训，引导新教师养成规范的教学行为。

2. 高职院校可以改革教师课堂教学评价方式

现阶段课堂教学效果的评价方式主要是教学督导、教学系部、学生等主体从教学目标达成度、学生参与度、课堂氛围等教学活动结果维度来评价课堂教学效果。而课堂教学应该是一个动态的过程，教师行为贯穿整个过程，教学行为有效程度会影响课堂教学效果，可以开展基于教师行为角度的课堂教学效果评价体系构建的研究，制定课堂教学效果评价指标体系。

3. 教师应多采用规范有效的课堂教学行为

按教师行为与课堂教学效果的关系，可将教师行为分为有效行为和非有效行为。所以在具体教学活动中，教师应该书写逻辑清晰、内容翔实的板书；多采用记忆型知识的提问方式，有利于学生逻辑清晰、结构完整、内容准确地掌握专业基础知识；采用学生自愿回答提问的方式；对学生回答的评价应该以表扬为主，提升学生的积极性、主动性和成就感；在课间休息时多与学生主动交流，增加师生相互了解程度，增进师生感情，增加学生对教师的认同感。

4. 教师应积极参加课程教学改革

以学生为中心，以项目为导向，充分调动学生学习积极性与主动性。教师应该积极参加课程教学改革和行业、企业顶岗实践，能以实际工作岗位任务驱动，创设教学情境，设计教学环节，采用任务导向的教学方式，引导学生在"做中学"，提高课堂的有效性，培养学生职业岗位能力。

参考文献

［1］ 傅道春.教学行为的原理与技术［M］.北京：教育科学出版社，2001：112-122.

［2］ 施良方，崔允漷.教学理论：课堂教学的原理、策略与研究［M］.上海：华东师范大学出版社，1999：22-28.

［3］ 冯宝萍，袁志华，苏宗伟.高等学校教学效果综合评价体系研究［J］.新乡教育学院学报，2003（4）：31-33.

［4］ 白益民.高成效教师行为特征研究［J］.教育研究与实验，2000（4）：31-37.

［5］ 熊继红.高等学校旅游管理专业教学效果评价体系研究［J］.高等函授学报（自然科学版），2009（1）：25-26.

［6］ 李聪.中学教师课堂教学效果评价的研究［D］.苏州：苏州大学，2011.

［7］ 刘佳.中学教师影响教学有效性的能力素质与关键行为研究［D］.上海：华东师范大学，2018.

［8］ 王昆鹏.网球课堂教学效果评价指标体系的研究［D］.西安：西安体育学院，2014.

［9］ 刘红.高校学生评价教师课堂教学效果的研究［D］.武汉：华中农业大学，2004.

［10］ 郑午，李静.基于BYOD的翻转课堂教学效果评价指标体系的构建［J］.教育现代化，2018（28）：286-287.

［11］ 杨云香.提高课堂教学效果的几个关键环节［J］.华北水利水电学院学报（社科版），2008（6）：106-108.

［12］ 张丽娟.教师体态语言对中职课堂教学效果的影响［J］.广西轻工业，2010（7），165-166.

［13］ 代欢.不同教龄、学历、性别及专业性质的中学教师教学效果分析［D］.重庆：重庆师范大学，2016.

［14］赵立允，窦聚山.浅谈教师体态语对课堂教学效果的影响［J］.教育与职业，2010（9）：70-71.

［15］薛峰.中等职业学校高效课堂教学效果的探讨［J］.广东职业技术教育与研究，2018（6）：102-103.

高职专业与课程诊断要素研究与实践

孙玉中　重庆城市管理职业学院　重庆　401331

一、打造专业与课程标准和设立诊断要素是诊断与改进的重要起点

人才培养质量是高职院校的核心目标，直接影响高职院校的生存发展。对国家而言，质量就是学校培养的学生满足国家、社会用人需要的程度。[1]高职院校质量提升需要构建内部质量保证体系，并围绕学校、专业、课程、教师、学生五类质量主体开展诊断与改进，构建常态化的质量保障制度。内部质量保证的焦点环节就是专业与课程的自主质量保证，因为专业与课程是高职办学质量、内涵建设的重要基础，是实现学校发展目标和人才培养目标的载体，是连接教师和学生之间知识与能力传递的桥梁，体现着学校办学水平、人才培养质量和教师的能力与水平。根据"55821"内部质量保证体系诊断与改进范式要求，目标与标准是专业与课程诊断与改进的逻辑起点，没有目标、不设立标准，或者目标与标准不科学、不规范，专业和课程都不能实现自主质量保证。专业与课程自主质量保

证是一个螺旋式、质量不断提升的过程，过程中需要对目标标准进行实时监测和预警，从而实现常态诊断与改进，那么从哪些角度、对哪些内容进行监测和预警呢？开展专业与课程常态诊断与改进，保证质量提升，不能胡子眉毛一起抓地从所有角度进行监测预警，要抓"牛鼻子"，抓关键，需要针对专业与课程标准中的核心内容，凝练设计相应的诊断要素，日常通过对诊断要素的监测和预警，达到保障目标和标准的顺利达成。

二、打造专业与课程标准需要符合实事求是原则

专业标准是评判专业水平并为专业发展提供参考的尺度，专业标准主要依据培养高素质技术技能人才目标要求，明确专业建设质量控制要素，针对专业质量目标、教学过程到质量管理全过程制定专业文件编制标准、专业建设标准和专业质量诊断标准等。课程标准是主要围绕课程质量提升而制定的课程开发、课程培养、课程教学、课程考核、课程实施条件、课程管理等相关方面的标准。专业与课程标准可以保障专业与课程建设的规范性，专业与课程标准的设定需要科学合理，需要依据 SWOT 和 SMART 原则构建。

当前高职院校专业、课程诊断与改进过程中，虽然国家已经制定职业教育相关专业建设参考标准，但这只能作为各高职院校专业建设的基础参考，各个专业不能生搬硬套，因为中国高职院校发展不平衡，专业、课程建设水平不可能站在同一起跑线上，基础条件无法达到同一水平。所以用"自己的尺子"来量"自己的个子"，[2]根据地域特点和学校发展水平，依据科学方法设定自身特色的专业、课程标准，并依据自身标准设立诊断要素是体现实事求是原则的质量保证行为。

三、高职专业与课程诊断要素研究

（一）高职专业诊断要素

专业诊断要素是构成专业建设标准、衡量专业水平的颗粒性指标，它主要包括专业建设各方面关键指标内容。不同学校专业的标准不同，其诊断要素也各有侧重，本文是对专业常规诊断要素做研究与总结。

专业课程资源标准诊断要素主要包括课程总数、课程类别、理论课程数量、课程学分、专业教学资源库建设情况、精品资源共享课程数量、在线课程数量、校本教材数量、引用国外教材数量等内容。

在专业教学团队建设标准方面主要包括专任教师情况、校内兼课人员情况、校外兼职教师情况、教师获省级以上奖项情况、专任教师职业资格情况、"双师"素质教师比例、生师比、国家级与省级教学团队情况、教学名师情况、教师科研能力等。

在专业实践教学条件标准方面主要包括专业教学科研仪器设备值、本专业生均教学科研仪器设备值、校内基地数量、校外实践教学基地数量、生均校内实践教学工位数、专业校外基地接受半年顶岗实习学生数、顶岗实习参与人数比例、专业实习对口率等。

毕业生就业标准方面主要包括毕业生就业率、月收入、就业专业相关度、就业现状满意度、半年离职率、企业评价等方面内容。

在专业自身发展标准方面主要包括专业是否符合立德树人要求、专业与国家及地方政策的契合度、专业建设成效及特色、专业社会辐射影响力、专业招生计划完成情况、新生报到率等。

在校企合作标准方面主要包括产学合作企业总数、合作企业数量、校企合作模式及深度、产学合作企业接收顶岗实习学生数占顶岗实习学生总数的比例、产学合作企业接收就业学生数占当年应届毕业生的比例、产学合作企业对学校捐赠和准捐赠的仪器设备总值、产学合作企业支持学校兼职教师数占兼职教师总数的比例、专业与产学合作企业共同开发课程数、学校为合作企业培训员工数等内容。

在专业服务社会能力标准方面主要包括专业为产学合作企业技术服务年收入、横向技术服务到款额、纵向技术服务到款额、科研经费到款额、技术交易到款额、政府购买服务到款额、非学历培训到款额等诊断要素。

另外，外部质量评估对于当前专业发展影响也比较大，其评估结果也应当作为诊断要素内容之一。

（二）高职课程诊断要素

与专业诊断要素类似，课程诊断要素是构成课程建设标准、衡量课程质量水平的颗粒性指标，它主要包括课程建设各方面关键指标内容。同样，不同学校课程的标准不同，其诊断要素也各有侧重。但从通识角度来讲，课程标准诊断要素可以包括以下方面：

在课程基本标准方面，应当包括课程学生数量、课程教师职称情况、课程授课教师情况、教学团队情况、课程类型、课时总量、实训与理论课时量、课程学分、教材建设情况、在线精品课程建设情况、课程线上资源数量、实践教学资源、教研教改成果方面内容。

在课堂教学过程标准方面主要包括课程到课率、学生平均成绩、实践教学内容、实践教学设计、课程备课、课程作业质量、辅导答疑、教学模式、教学信息化技术、教学方法、课堂教学效果、课堂学习效果等内容。

在学生质量评价标准方面，主要包括任课教师教学态度、任课教师教学方法、任课教师教学内容、任课教师教学能力、任课教师教学效果、课程对专业的支撑度、课程实用性等内容。

在课程时新性标准方面主要包括课程思政贯彻情况、课程前瞻性、技术及政策契合度、行业评价、教学资源时新性等内容。

四、高职专业与课程诊断要素实践范式

实践是检验真理的唯一标准。专业与课程的诊断与改进既需要依托专业与课程线上系统进行也需要线下系统支撑。不同学校信息化程度不同，线上线下倚重度也不同，但无论如何，诊断要素的实践需要在坚持"需求导向、自我保证，多元诊断、重在改进"工作方针下，落实到专业与课程诊断与改进的过程中。专业诊断与改进就需要把诊断要素体现在线上及线下专业质量保证系统中，例如专业可以通过线下方式按照诊断要素进行行业企业专业需求调研、就业市场分析、毕业生跟踪调研、用人单位满意度调查、学生能力测评情况分析、学生学业情况分析，数据结果可以作为专业诊断与改进的依据；也可以通过线上系统定期采集专业运行状态数据，监测专业建设、专业资源配置、人才培养方案执行状态，在对数据进行统计、分析的基础上，及时改进专业标准和提升专业质量。课程诊断要素实践方面，需要把诊断要素融入专业人才培养目标、人才培养方案中。课程诊断要素实践应当紧扣课程教学标准、课程学习标准，关注课前、课中、课后三个教学实践环节，依托线上线下系统定期搜集课程诊断要素数据，然后分析课程目标和标准达成情况，对课程开展自主诊断和改进，从而提升课程质量。

参考文献

[1] 任占营.新时代高职院校强化内涵建设的关键问题探析[J].中国职业技术教育，2018（19）：53-57.

[2] 崔岩.履行质量主体责任，高职如何找准"坐标系"[N].中国教育报，2016-11-15（9）.

第二章

学校层面诊改典型案例

重庆财经职业学院学校层面诊改案例

加强顶层设计，构建完善学校内部质量保证体系

根据教育部和重庆市关于高等职业院校内部质量保证体系诊断与改进工作等文件精神，重庆财经职业学院坚持"需求导向、自我保证，多元诊断、重在改进"的总体原则，加强顶层设计，按照"55821"总体框架设计，不断完善五个层面内部质量保证体系，建立了常态化、可持续的诊改工作机制。

一、传承特色，夯实质量建设基础

重庆财经职业学院始建于1956年，历经干部培训教育、中等职业教育、成人专科学历教育、普通高等职业教育等多种办学类型。2017年获批重庆市诊改试点院校，2018年立项重庆市优质高职院校建设单位、获批教育部第三批现代学徒制试点单位，2019年全面启动内部质量保证体系诊断与改进工作。举办高等职业教育13年来，截至2018年底，学校办学规模逐年壮大，人才培养成效显著，见表2-1。

表 2-1 重庆财经职业学院成果统计表

项目	名称		数量
办学规模与人才培养	在校学生人数		9308 人
	年招生人数		3402 人
	新生报到率		88.58%
	毕业生就业率		97.55%
	技能竞赛获奖	国家级	69 项
		市级	224 项
专业建设	专业数		21 个
	中央财政支持提升专业服务产业发展能力专业		2 个
	市级财政支持专业能力提升项目建设专业		2 个
	市级骨干专业		3 个
实训条件	校内实训室		56 个
	校外实习基地		108 个
	中央财政支持实训基地		3 个
	市级财政支持实训基地		5 个
课程建设与教学改革	市级精品（在线开放）课程		3 门
	市级教学成果奖		5 项
	"十二五"职业教育国家规划教材		6 部
师资队伍	教职工人数		425 人
	专任教师数		281 人
	兼职教师数		160 人
	高级职称教师比例		15%
	双师素质教师占专业教师比例		40%
	全国优秀教师		3 人

（续表）

项目	名称	数量
师资队伍	市级优秀教师	2人
	全国黄炎培职业教育杰出教师	1人
	市级教学团队	4个
	市名师	1人
	市级教书育人楷模	1人
	重庆市高校中青年骨干教师	2人

二、树立意识，强化质量主体责任

学校在质量管理进程中经历了质量1.0、2.0、3.0三个时代（图2-1）。采用"走出去、请进来"两种方式，先后举办了10多场次诊改工作培训，参训人员达到700余人次，组织内部交流研讨8次（图2-2）。整理形成《内部质量保证体系诊断与改进学习材料汇编》，责任主体的质量意识逐步增强，形成了"师生全面参与，人人关注质量，人人提升质量"的质量文化氛围。

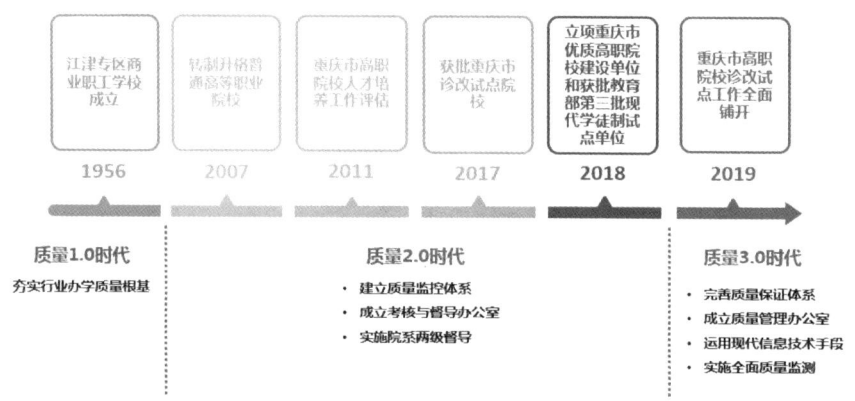

图2-1 重庆财经职业学院质量管理进程图

图 2-2 教职工参加内部质量保证体系诊断与改进工作培训会

三、分析研判，构建目标标准体系

（一）SWOT 分析

学校立足实际进行了 SWOT 分析（图 2-3）。

图 2-3 重庆财经职业学院 SWOT 分析图

优势明显：紧靠商务委商贸流通行业背景，办学历史悠久，办学基础良好，招生就业进出"两旺"。

劣势突出：学校快速发展和规模扩张，导致办学资源紧张，办学经费有限，高层次领军人才缺乏，国际交流合作才起步。

机遇难得：国家和重庆高度重视职业教育，很多重大战略带来良好机会，市级优质院校建设为学校搭建了平台。

挑战并存：学校区位不明显，新校区建设、各类重大专项建设任务重，管理体制机制还不符合当前职业教育发展。

确定了"四个重点""三项改革""四个提升""四个亮点""三个突破"，建设成为市内一流、全国知名的优质高职院校的发展目标（图2-4）。

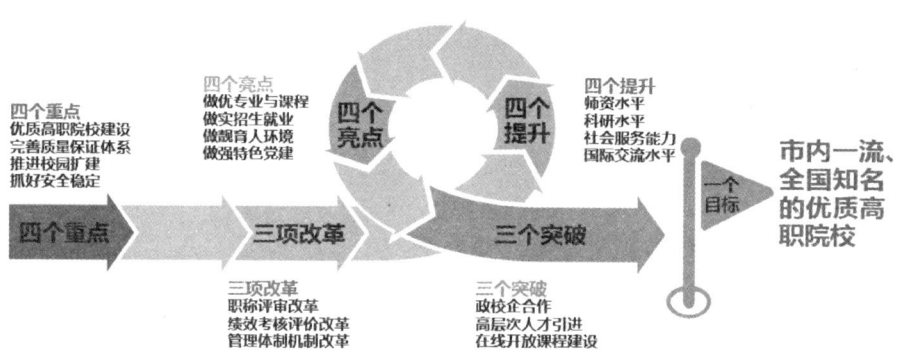

图2-4 学校发展目标逻辑图

（二）打造目标链

在"十三五"事业发展规划、专项规划和二级学院（分项）规划的基础上，学校结合重庆市优质院校建设项目和其他重大专项建设项目，编制年度党政工作要点，确定各部门年度工作目标，从上至下，层层分解目标任务，形成上下衔接、左右呼应的目标链（图2-5）。

（三）打造标准链

依据规划目标和国家、行业、市级层面相关政策标准，制定了支撑目标实现的学校、专业、课程、教师、学生五个层面的质量标准体系（图2-6）。

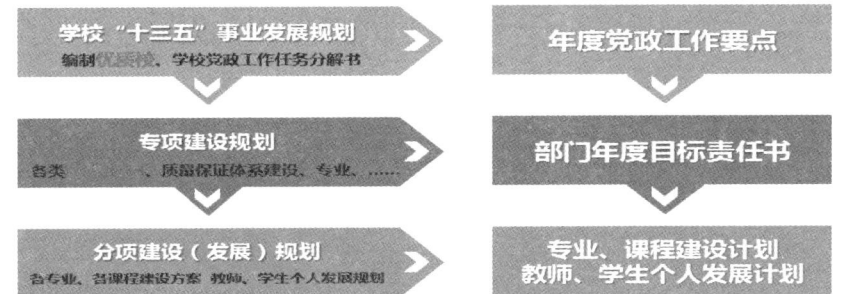

图 2-5 重庆财经职业学院目标体系

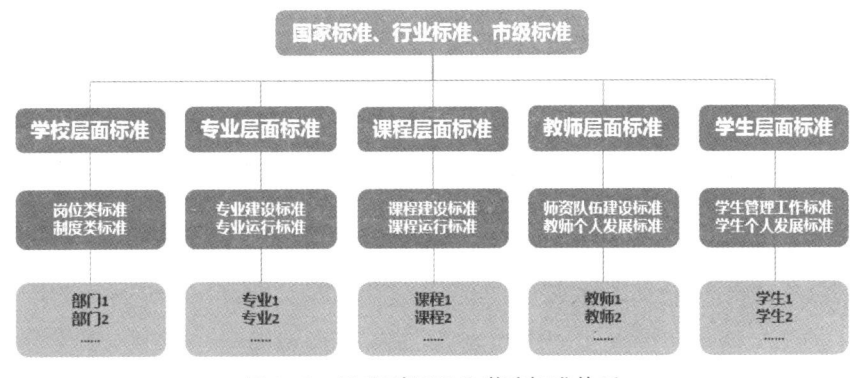

图 2-6 重庆财经职业学院标准体系

学校层面，制（修）订制度 58 个，现有制度 10 大类 168 个，形成了财经特色的"一章七制"职业院校制度体系，完善了以流程管理为重点的内部控制制度框架体系，形成了管理制度汇编和内部控制制度手册。制定了重点工作、专业、课程、教师、学生 5 个层面的诊改运行制度 5 个，17 个职能部门编制了《质量管理手册》，全面修订了岗位说明书，梳理了业务工作流程 51 个，全部体现在每个制度上，且用流程图进行展示，实现重点工作办理流程化。有效运用企业微信，对请假、出差、打卡、课务异动、采购与招标、会议室申请等 16 个事项进行线上审批，实现常规工作审批流程信息化。建立了"工作有计划、计划有目标、目标有考核、考核有标准、标准有实施、实施有监测、监测有诊断、诊断有提升"的"八有"诊改运行机制。

专业层面，构建了校级合格专业、校级骨干专业、市级水平骨干专业和国家级水平骨干专业 4 级专业建设目标体系和标准体系，各专业制定了建设方案，并分解落实年度建设任务。

课程层面，构建了校级合格课程、校级优质课程、市级水平精品在线开放课程和国家级水平精品在线开放课程 4 级课程建设目标和标准体系，完善了课程建设标准和运行标准。全校 322 门课程制定了建设方案和年度建设计划。

教师层面，构建了新手、胜任、成熟和专家 4 个层次，激励成长为教坛新秀、教学能手、校级教学名师、技能大师、工匠等的教师发展目标，制定了相应的发展标准。教师个人从师德师风、基本发展能力、教学与教研、科研与社会服务、学生教育与管理等 5 个方面制定了发展规划和学期发展计划。

学生层面，新制定了 2019—2020 年育人发展规划，优化了学生综合素质、学业发展、个性发展目标，围绕专业人才培养目标，制定了"财品、财智、财英"标准，形成了学生发展标准体系。指导学生制定 3 年发展规划和学期发展计划，按学期进行"三财"素养学分认定。

四、平台支撑，"8 字质量改进螺旋"持续运行

（一）体系架构

学校按照"55821"架构，构建了"五纵五横一平台"的内部质量保证体系（表 2-2），形成了目标链、标准链、操作链、保障链、内控体系和信息链。

表2-2 "五纵五横一平台"内部质量保证体系

五纵＼五横	学校	专业	课程	教师	学生	备注
组织领导	学校质量保证委员会、学术委员会、教学工作委员会	教务处、相关部门	教务处、相关部门	人事处、教务处、相关部门	学生处、团委、相关部门	
发展规划	1. 学校章程；2. 学校发展规划；3. 二级学院发展规划；4. 内部质量保证体系建设规划	1. 学校专业建设与人才培养规划；2. 各专业建设规划	各课程建设规划	1. 师资队伍建设规划；2. 教师发展规划	学生发展规划	目标链
建设目标	1. 学校整体发展目标；2. 二级学院发展目标	专业建设目标	1. 课程建设目标；2. 课程教学目标	1. 师资队伍建设目标；2. 教师自身发展目标	学生发展目标	
质量标准	1. 部门岗位工作职责、管理制度、工作标准、工作流程、学校绩效考核办法；2. 学校、二级学院质量保证机构、岗位设置、考核标准与考核制度	1. 专业建设标准；2. 专业运行标准	1. 课程建设标准；2. 课程运行标准	1. 学校师资建设标准；2. 教师发展标准	学生发展标准	标准链
决策指挥						

（续表）

五纵＼五横	学校	专业	课程	教师	学生	备注
质量生成（运行实施）	1. 学校年度工作计划； 2. 发展规划实施； 3. 内部质量保证体系运行； 4. 学校质量文化建设	1. 专业人才培养模式； 2. 专业人才培养方案； 3. 专业文化建设	1. 课程授课计划； 2. 课程教学实施	1. 教师教科研工作； 2. 教师发展	1. 学校学习； 2. 社会实践	操作链
资源建设（条件保障）	1. 人力资源； 2. 财务支持； 3. 校企合作； 4. 教学资源； 5. 安全保障； 6. 生活保障； 7. 文化保障	1. 校内外实训基地建设与管理； 2. 教学资源建设与管理	1. 教学条件； 2. 实训条件； 3. 资源使用	1. 教学设施； 2. 大师工作室； 3. 名师工作室； 4. 工作设施； 5. 生活设施	1. 学习设施； 2. 生活设施； 3. 校园环境	保障链
决策指挥——支持服务（制度保障与服务措施）	1. 学校发展规划管理规定； 2. 学校质量认定管理制度； 3. 质量事故认定管理办法； 4. 智能校园建设管理制度	1. 学校专业设置与调整管理办法； 2. 学校专业建设经费管理制度； 3. 校企合作管理制度； 4. 毕业生跟踪调研制度	1. 课程实施过程管理； 2. 课程实施环境管理； 3. 条件保证； 4. 文化管理	1. 教师教研与发展； 2. 发展保障； 3. 社会服务	1. 学业管理； 2. 就业管理； 3. 生活保障； 4. 安全保障	

续表

五纵\五横		学校	专业	课程	教师	学生	备注
监督控制	诊断改进	1. 学校过程信息监测分析机制与质量预警制度； 2. 学校、二级学院自我诊改工作机制	1. 专业预警机制； 2. 常态化的学校内部专业诊改机制	课程诊改机制	师德师风、教学能力、服务能力诊改机制	学习能力、学习风气、学业水平、品行等诊改机制	内控体系
	质量报告	1. 学校质量年度报告； 2. 质量事故报告； 3. 学校内部质量保证体系运行报告	专业质量年度报告	课程质量年度报告	师资质量年度报告	1. 学生发展年度质量报告； 2. 毕业生就业质量年度报告	
	外部评估	引入第三方评估	外部专业评估	外部课程评估	外部师资评估	外部毕业生跟踪调查	信息链

构建智能校园管理平台（校情分析与智能决策系统、质量管理系统、专业管理系统、课程教学平台等）统一门户、业务管理系统等

（二）运行单元

学校、专业、课程、教师、学生 5 个层面以"8 字质量改进螺旋"为基本运行单元，扎实推进各层面诊改工作。如图 2-7 所示。

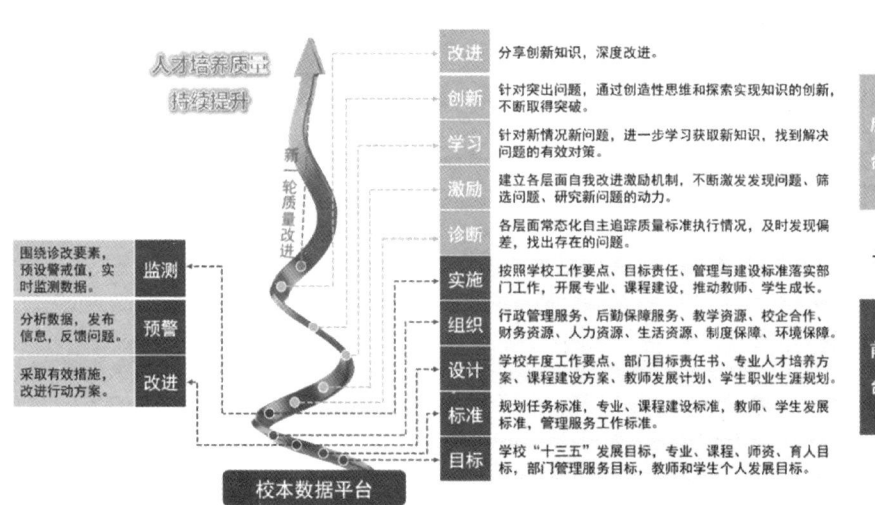

图 2-7 "8 字质量改进螺旋"

（三）平台建设

学校完成了智慧校园顶层设计，确立了基于数据标准体系，以 KPI 考核体系为依据，重点围绕教师和学生服务的平台建设理念，着眼长远，系统规划，不断完善数据治理机制。成立了数据治理标准化委员会，按照"人人产生数据、人人使用数据、人人管理数据"的原则，全面积累数据资产。坚持以"系统集成、管理可视、工作协同、流程标准"为目标，按照数据采集、融合、分析、应用四个步骤推进数据平台建设。完成了以基础设施、各类服务、统一门户、多端访问为基础，集成指标体系、数据治理管控体系、数据安全体系的平台建设总体架构设计。如图 2-8 所示。

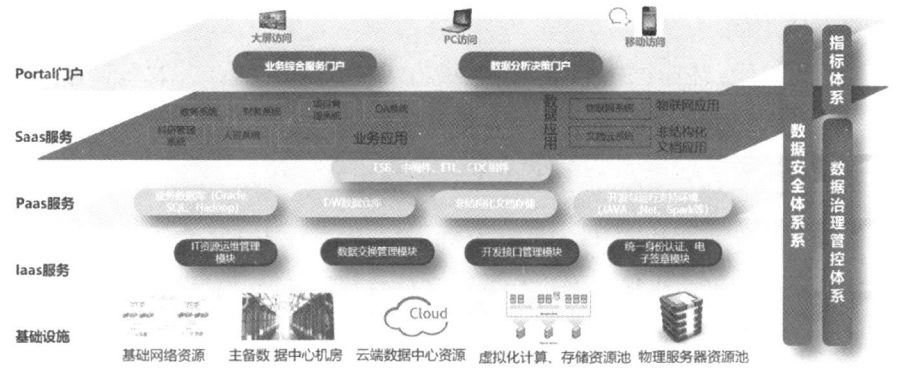

图 2-8 数据平台总体架构图

建立了以 OA 系统为核心，统筹推进教务系统和信息化教学平台、财务管理系统、科研、人事、学生管理等业务系统建设，围绕"两人一物"，建设校本数据中心，实现数据融合。正在搭建数据交换平台，构建统一身份认证平台和统一信息门户，建立一站式综合服务平台，打通信息孤岛，逐步实现全校数据互联互通共享。2019 年以来，已完成重财 VPN、站群管理系统、虚拟化云平台等建设，正在更新教务系统，安装部署统一身份认证平台、数据治理平台、数据决策分析平台，人事管理系统已启动招标程序。如图 2-9 所示。

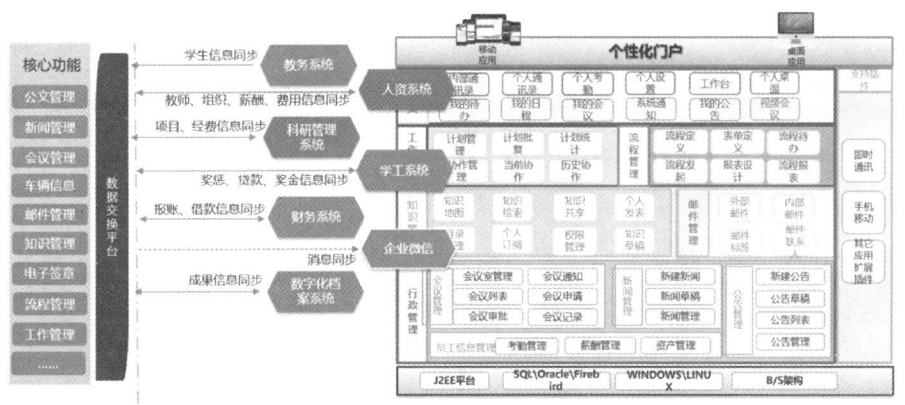

图 2-9 重庆财经职业学院各系统关系图

（四）体系运行

学校层面，根据学校年度工作要点，明确部门年度工作目标，层层分解任务，落实责任人和完成时限。围绕学校发展关键指标，以年度为诊改周期，结合学校事业发展和上级考核评价体系，从6个维度，确定了22个质量监控点，2019年通过月度重点工作督查、2020年通过季度检查进行监测预警，定期收集数据进行分析，查找问题，及时诊断改进。坚持成果导向，强化激励机制建设，实施量化计分考核，2019年修订了年度绩效考核方案和职称评审办法，充分调动教职工积极性。

专业层面，围绕4级专业建设目标体系，完善优化专业运行4类标准，从8个维度持续改进，每个专业重点打造1项特色或亮点，构建了"4481"专业质量保证体系（图2-10）。围绕专业年度建设目标任务，以年度为诊改周期，从8个维度设计了26个质量监控点，定期通过项目管理平台和季度督查通报进行过程监测，建立两级预警机制，对数据进行分析，及时监测专业建设运行状态。形成年初制定年度建设计划和落实责任分工，年中运行监测和调整，年末总结成效、分析原因、提出改进措施的诊改运行机制，保证"8字质量改进螺旋"稳定运行。学校结合专业发展和教学运行实际，修订完善了专业设置、专业建设等系列专业建设相关的管理制度。充分发挥教学工作委员会和专业建设指导委员会的作用，定期研讨、协商解决专业建设与发展的相关问题，初步形成"多方联动"的专业发展机制。全力推进教学管理制度化，教学运行规范化，日常事务清单化，考核评价数据化，正在逐步完善基于平台数据分析和日常监测记录的质量监控机制。

课程层面，按照4级课程建设目标，围绕课前、课中、课后3个环节，完善了课程教学6个方面标准和课程建设7个方面标准，构建了"4367"课程质量保证体系（图2-11）。围绕课程建设目标任务，建立了以学期为

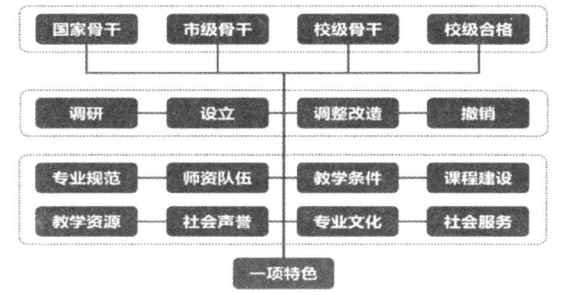

图 2-10 "4481"专业质量保证体系

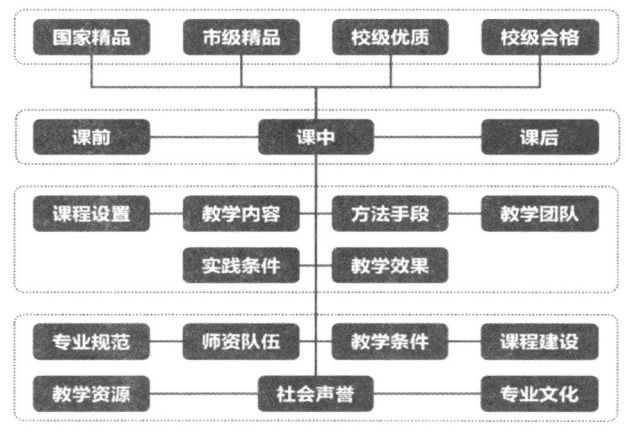

图 2-11 "4367"课程质量保证体系

周期的课程诊改工作机制，设定 11 个质控点，按照各课程建设目标值和最低标准值实施两级预警，监测课程建设状态。在课程资源建设、教学文件规范、教学运行等方面完善了课程建设和运行标准文件，修订完善了课程建设相关规章制度。借助智慧职教、重庆高校在线开放课程平台、超星在线课程等课程资源建设平台，全面推进课程信息化资源建设监控。利用学习通、云班课、雨课堂等教学辅助平台，对课程教学进行监控（图 2-12）。实践教学采用习讯云实习管理平台，对学生顶岗实习全过程进行监控和预警。通过课程建设与课程教学相关平台的数据分析，结合日常巡查和教学督导，有效监控课程建设和课堂教学质量。

图 2-12 课程运行情况监测图

教师层面，建立了常态化诊改运行制度，出台了教师、辅导员、管理及工勤人员分类考核办法，修订完善了职称评审、教师绩效考核、师德师风、各类称号推荐评审等相关制度。根据学校党政工作要点，年初人事处分解师资队伍建设工作计划，落实到二级学院和教师个人；年中，人事处重点选择生师比、"双师"素质、学历结构等40个质控点进行监测，及时监测师资队伍建设状态；年末，人事处形成自诊报告，分析原因并提出改进措施。教师个人方面，学校根据教师4个阶段成长路径，开展教坛新秀、教学能手、教学名师的评选，有针对性地推荐教师申报市级及以上各类人才项目和称号，激励教师成长。教师以学期为诊改周期，填写《教师发展手册》，制定个人发展规划，分析目标任务完成度，及时总结成效并提出改进措施。出台绩效工资、年度绩效考核等激励制度6个，激励教师个人发展；截至2020年，全体专任教师完成了一轮诊改。学校充分利用教师发展中心，成立了名师工作室、技能大师工作室，建立"双师型"教师培训基地，积极为教师发展搭建各类平台，组织相关培训（图2-13）。最后，通过相关业务系统和职能部门审核数据，对数据进行分析，展现教师发展情况。

图2-13 师资培训

学生层面，根据学生综合素质、学业发展、个性发展目标，围绕"财品、财智、财英"标准，完善"三财"全面育人发展模式（图2-14），促进学生成长成才。学生工作围绕5个方面，按年度细化分解育人工作目标任务。学生管理工作以年度为诊改周期，从11个维度设计了33个质量监控点；学生个人发展以学年为诊改周期，从3个维度设计了34个质量监控点。学生进校后，指导学生填写《学生发展手册》，制定3年总目标、年度规划和学期计划。通过学生管理系统定期采集数据，结合一卡通和教务系统的数据，对学生发展关键指标数据进行监测分析，及时展现学生发展态势；主要从学生成绩、"三财"素养学分、教师评价等方面呈现学生发展情况。截至2020年，2019级4194名学生完成了一轮诊改。

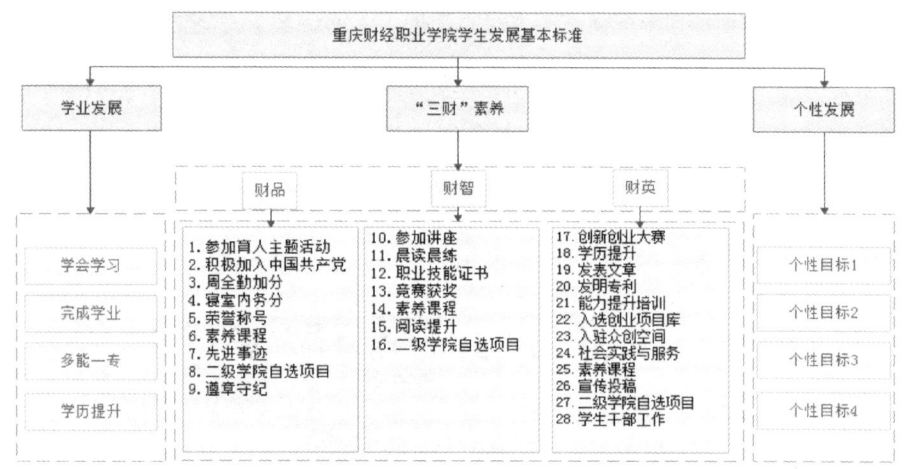

图 2-14 "三财"全面育人发展模式

五、聚集目标，诊改工作成效明显

通过体系建设和运行实施，学校各层面目标链和标准链更加清晰，各层级质量主体责任更加明确。学校建立了诊改运行制度，完善了学校激励考核机制，推动学校各层面质量改进螺旋的持续运行。基于信息化的业务流程正在加快推进和完善。业务系统建设正在抓紧实施，数据中心正在建设，数据共享和源头采集正在逐步实现。学校师生员工的质量意识不断增强，财经特色的质量文化正在逐步形成，提高了广大师生的认同感和获得感。

诊改工作实施以来，与2018年相比，在校学生人数、年招生人数等项目数值均逐年提高（表2-3）。校内实训室今年新增会财审理实一体中心、金融仿真实训中心、IT实训中心三大实训中心（图2-15），面积超9000平方米。就业现状满意度提升，2019届毕业生的就业现状满意度为99.05%；薪酬待遇提高，2019届毕业生平均月收入提升至3071.37元。与

2018年相比，市级以上重大标志性建设成果也有较大突破。在党建工作方面，培育创建国家样板党支部1个；在集团化办学方面，重庆财贸职教集团入选首批国家示范性职教集团培育单位。建成国家级骨干专业2个，国家级生产性实训基地1个，重庆市高技能人才培训基地1个。教育部现代学徒制试点成效突出。建成市级精品在线开放课程5门，国家级教学资源库备选库1个；教师参加官方竞赛获得各类奖项22项，获各类荣誉29项；学生参加官方竞赛获得国家级奖项15项，市级奖项106项。学校人才培养质量逐步提升，一些标志性成果如图2-16、2-17所示。

表2-3　办学规模和办学质量情况统计表

项　目	2018年	2019年	2020年（截至11月）
在校学生人数	9308人	10513人	12533人
年招生人数	3402人	4131人	4972人
新生报到率	88.58%	88.63%	91.85%
毕业生就业率	97.55%	97.81%	98.38%
技能竞赛获奖（国家级+市级）	69+224项	7+36项	国赛16项，市赛46项
校内实训室	56个	63个	新增三大实训中心9000 m^2

六、分析不足，促进持续改进提升

学校诊改工作还存在以下问题：一是学校年度重点工作目标任务与重大专项建设目标的融合有待进一步加强，二是标准设置的科学性和量化的合理性有待进一步提高，三是大数据分析与质量监控平台建设亟待提速，四是诊改运行的相关制度还需进一步完善，五是质量文化建设还需要进一步强化。

图 2-15　三大实训中心

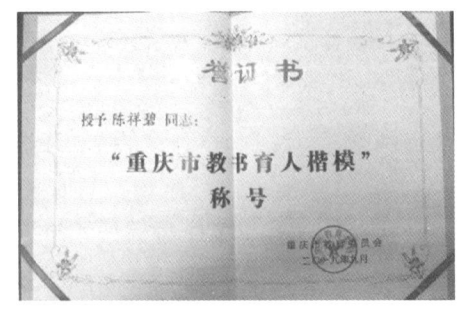
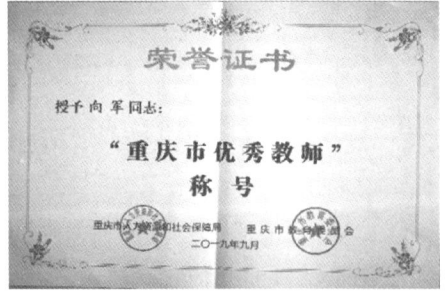

图 2-16　标志性成果（1）

图 2-17 标志性成果（2）

下一步改进措施：一是科学制定学校年度工作目标任务，强化与重大专项建设目标任务的整合与匹配，确保目标适切性；二是深化对国家、市级及行业标准文件的学习，不断完善各层面的标准体系建设，提高标准的科学性和量化的合理性；三是加快推进大数据分析与质量监控平台的建设与应用，强化过程性监控，提高监测预警的即时性。四是进一步梳理和完善诊改相关制度，不断完善诊改制度体系，强化制度的系统性；五是强化质量文化营造，注重"人人关注质量、人人提升质量"的全面性。

重庆工程职业技术学院学校层面诊改案例

聚焦质保体系，彰显工程成效

一、立足校情，贯彻质量方针

重庆工程职业技术学院 2010 年入选国家示范性高等职业院校，2019 年建成国家优质专科高等职业院校，同年被遴选为中国特色高水平专业群建设单位。立足"以智能装备制造业和信息技术产业为主体，以建筑业和服务业为两翼，坚持服务煤炭和地测行业的专业体系"的发展定位，紧紧围绕培养"开拓、务实、奋斗、奉献"的复合式创新型高素质技术技能人才这一目标，确立了"文化传承、立德为根、树人为本、持续改进"的质量方针，形成了"工科优势突出、行业特色鲜明、多学科相互渗透、协调发展"的鲜明办学特色。

二、聚焦体系，强化运行

2018 年 1 月，重庆工程职业技术学院被确定为重庆市内部质量保证体系诊断与改进工作试点院校，紧紧围绕"十三五"教育事业发展规划的落实、落地和落细，结合日常工作，构建了"五纵五横一平台、质量文化纵横贯穿"的内部质量保证体系。2018—2020年，完成了两轮诊改，学校内部质量保证体系得以有效运行。

（一）聚焦目标标准，落实主体责任

打造目标链，即制定了系列规划，落实学校和各部门发展的质量主体责任。编制年度计划与目标任务书，明确各二级部门工作目标，与总体规划及各专项规划有效衔接。再制定部门绩效考核任务书开展考核工作确保各项规划的目标任务细化落实。为保障目标链的规范运行，学校制定了标准链、制度链和信息链，进一步制订完善岗位工作标准、服务保障标准、数据标准、考核诊断等标准，全面梳理学校的质量保证制度建设情况。制订完善专业、课程建设标准；建立健全师资队伍整体建设和教师个人发展的相关标准和质量保证制度；制定完善学生发展各类标准；通过废、改、立，不断健全完善学校、院部、专业、课程、教师、学生层面的质量保证制度。修订制度43个，制定制度111个；编制岗位工作标准，梳理并上线业务工作流程81项，形成了"管理有理念，岗位有目标，实施有标准，过程有控制，资源有保障，监测有改进"的"六有"工作机制。

围绕学校事业发展的关键指标，部门以年度为诊改周期，专业、课程、教师以学年度为诊改周期，依托大数据分析与质量监控平台，从37个维度、172个质量监控点，采集分析数据，监控工作过程。加强学校考核和激励机制建设，2018年开始实施部门年度绩效考核，通过对部门绩效考核结果进行排序定等，激发部门竞争意识，部门考核结果纳入部门中层干部年度考核占比，激发部门中层干部的责任意识，形成有效的激励机制。任务分解及执行被全员广泛关注并着力落实，"十三五"建设规划任务总目标达成度为96%，少数任务或因情况变化做了调整，或因受到政策限制、上级部门尚未启动而未能开展。

（二）聚焦专业发展，构建"473"专业质量保证体系

依据学校专业建设规划，确立了院级普通专业、院级重点专业、省部级专业、国家级专业4级专业建设目标，各专业编写了建设规划，落实了学年建设任务。制定了专业建设标准，确定专业建设七大内容（人才培养方案设计、师资队伍建设、实践教学条件建设、教学研究与改革、社会服务能力建设、教学资源建设、专业特色建设）；构建3级专业建设指标体系，各专业建设依据指标体系持续改进。学校"473"专业质量保证体系。

围绕专业学年建设目标任务，以学年为诊改周期，利用大数据分析与质量监控平台，从10个维度设定32个质量监控点，建立了预警机制，采集、分析专业建设运行数据，监测专业建设运行状态。

（三）聚焦课程建设，构建"824"课程质量保证体系

依据学校课程建设规划，各课程制定了建设方案和学年建设目标。制定了课程建设标准，确定课程建设八大内容（课程设置、课程内容和教学组织、课程资源开发、课程教学方法与手段、课程考核评价体系、实践教学规划与建设、教学团队建设、课程特色与创新）；构建2级课程建设评价指标体系，并根据课程评价分数情况，将课程分为精品（100—90分）、优质（89—80分）、合格（79—60分）、不合格（60分以下）4个等级，各课程建设依据评价指标体系持续改进。学校"824"课程质量保证体系结构。

围绕课程学年建设目标任务，以学年为诊改周期，利用大数据分析与质量监控平台，从7个维度设定22个质量监控点，建立了预警机制，采集、分析专业建设运行数据，监测专业建设运行状态。

（四）聚焦教师发展，螺旋提升师资队伍水平

依托学校发展规划，制定了师资队伍建设专项规划和年度建设计划，

明确了教师成长发展的相关标准。教师个人从基本发展、教育教学与专业能力、科研与社会服务能力等 3 个方面制定三学年发展规划和每学年发展计划，按期实施，及时分析问题与不足，不断改进和提升。如图 2-18 所示。

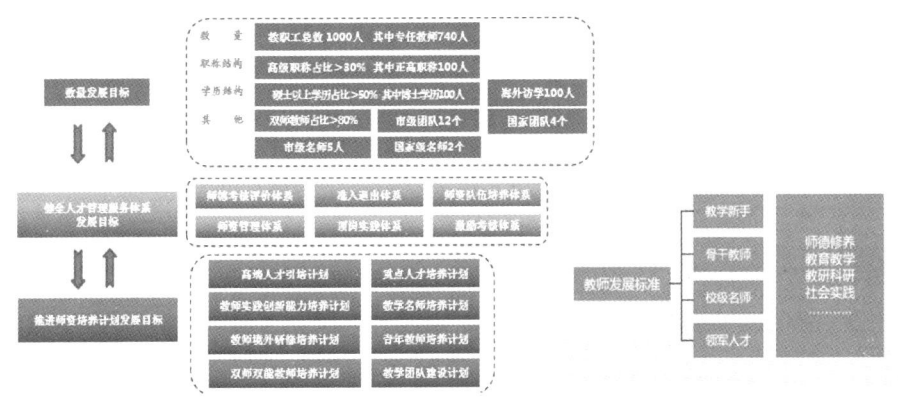

图 2-18　教师层面目标链、标准链架构

师资队伍建设以年度为诊改周期，在学校层面设置了 8 个关键质控点，在专业层面设置了 2 个关键质控点；教师个人层面设置了 15 个关键质控点，分别进行了预警。

（五）聚焦学生成长，构建"砺苦乐生"育人质量保证体系

学校制定了育人规划和年度学生工作计划，出台《学生层面诊断与改进工作实施方案》《学生全面发展自诊工作实施办法（试行）》《学生全面发展标准（试行）》等文件。学生个人围绕专业人才培养目标，从基础性素质（包括思想道德素质、知识文化素质、身心健康素质）和发展性素质制定了学生个人全面发展三学年（两学年）规划和学年发展计划。

学生工作及学生个人发展以年度/学年为诊改周期。学生工作设计了 33 个质量监控点。学生个人全面发展紧扣立德树人根本任务，以学校育人

工作规划、学生全面发展标准等为依据，以实现学生全面发展为目标。将学校"砺苦乐生"育人体系与诊改工作相结合，将"砺苦五行"和"乐生五悟"的相关要求细化为学生全面发展的各项具体指标，设计了28个质量监控点，搭建起学生成长成才总目标，依托大数据分析与质量监控平台，呈现学生发展态势，分析查找差距，推动学生及时自我调整与改进。学生层面监测预警指标见表2-4。

表2-4 学生层面监测预警指标列表

类别	指示	质控点	考核标准	分值	目标值	标准值	预警值
基础要素（70分）	思想道德	思想政治	自评+班级评价+辅导员评价+缺席规定活动扣分	5	5	4	＜4
		道德品质	自评+班级评价+辅导员评价	5	5	4	＜4
		纪律处分	违纪处分数据	5	5	5	＜5
		行为规范	旷课、迟到、早退、公寓违纪	5	5	4	＜4
	知识文化	学习成绩	学年必修课和专业限选课成绩加权平均分	35	28	25	＜21
		课程合格	补考情况扣分	5	5	5	＜5
	身心健康	身体健康	"国家学生体质健康标准"测试成绩、"乐跑"活动成绩、病假情况	5	4	3	＜3
		心理健康	参加心理测评、参加心理健康活动	5	4	3	＜3

（续表）

类别	指示	质控点	考核标准	分值	目标值	标准值	预警值
发展要素（分类设置分值上限）	组织管理	青马工程	参加党校、团校、"青马"、"干部骨干"等培训、积极向党团组织靠拢、参加思政报告讲座等	15	15	2	＜2
		学生干部	担任各级各类学生干部情况				
		社团活动	参加社团活动情况				
	职业发展	发展规划	认真制订学期个人全面发展规划	15	15	2（大一1）	＜2（1）
		等级证书	通过大学英语等级考试、计算机等级考试情况				
		技能证书	获得各类专业技能证书				
		学历提升	参加专本衔接考试、专升本考试情况				
		技能竞赛	参加技能竞赛成绩				
		科研发明	获得专利、软件著作权、发表论文等				
	社会实践	实践活动	参加社会实践活动情况	15	15	2	＜2
		志愿服务	参加志愿服务情况				
		勤工助学	参加勤工助学情况				

（续表）

类别	指示	质控点	考核标准	分值	目标值	标准值	预警值
发展要素（分类设置分值上限）	文体特长	文艺活动	参加文艺活动和比赛情况	15	15	2	<2
	文体特长	体育活动	参加体育活动和比赛情况				
		美育教育	美育课程学习、经典阅读等				
	创业就业	双创活动	参加创新创业活动和比赛情况	15	15	1（大一0）	<1（0）
		创业项目	申报创业项目情况				
		就业准备	制作简历、参加就业指导培训、参加校内外招聘会、宣讲会、参加顶岗实习、签订就业协议等				
	荣誉表彰	荣誉称号	获得各类荣誉称号情况（不含比赛获奖）	20	20	1	<1
		获奖学金	获得各类奖学金情况				
等级认定			全面发展标兵、优秀、良好、合格、不合格		优秀	合格	不合格

三、聚焦平台，"五横"支撑

学校制定了信息化建设专项规划、数据平台建设方案和年度工作计划，搭建了基于"云"的计算和存储中心，建设了学校全业务信息化、基于物联网的水电管理系统、人脸识别与人工智能结合的安防系统和认证系统，联合企业开发了自有知识产权的教学"云平台"，建立了集人防、技防于一体的网络安全机制。基于数据交换平台实现了统一身份认证、统一信息门户平台和一站式服务大厅，消除了信息孤岛。建立了校园移动APP，实现了学校全业务电脑端与移动端同步。

建立了基于爬虫技术的大数据平台，利用人工智能、数据挖掘技术实现了"五纵五横"常态化的实施保障，对诊改数据进行实时监控及预警。利用BI工具抓取学校运行过程中的关键信息点，通过柱状图、扇形图等直观图表的形式呈现，为领导科学决策提供了数据支撑。

学校确立了"以科学决策、精准服务为目标，以大数据为基础，建成国内领先、国际一流的智慧校园"的平台建设目标。在智慧校园的整体架构设计时，坚持做到：守初心——实现人人能应用；大投入——3年投入了3498万元；搞扩建——完善基础设施；重优化——增加和优化各业务系统；重消除——数据孤岛状况；重健全——内部质量保证监测系统。经过为期3年的建设，学校智慧校园实现了以下功能：21个系统互联互通，消除信息孤岛；数据的源头即时采集；建成数据采集的大数据中心；建成监测预警、决策分析平台。为诊改工作的推进构筑了坚强的后盾，学校层面实现了从发展规划到任务实施过程的数据传递；专业层面实现了实时动态展示和检测专业建设与发展情况；课程层面通过自主研发教学平台，建设互动教室与智慧课堂，促进课程教学资源进一步丰富；教师层面实现了教师发展目标与动态数据，能实时采集、显示与预警；学生层面实现了学生管理和服务信息化。

四、机制文化，双引擎驱动

学校各层面建立了以"8字质量改进螺旋"为运行单元的诊改工作机制，

机制与文化双引擎齐驱动，护航学校诊改工作，如图 2-19 所示。

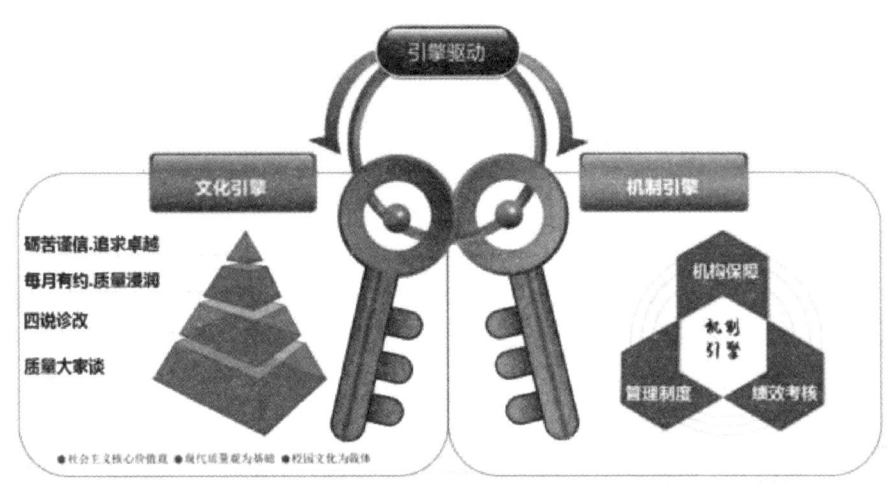

图 2-19　学校双引擎机制架构

（一）机制引擎

机制引擎从机构和制度两方面进行构建。机构方面，学校成立内部质量保证体系诊断与改进工作领导小组，由党委书记、校长担任组长，其他校领导担任副组长，党政部门主要负责人和二级学院行政负责人担任成员，主要负责学校内部质量保证体系的决策、推进和审定工作，确保了诊改工作顺利推行。学校机制引擎架构如图 2-20 所示。

制度方面，制订或修订了《教学成果奖励办法（试行）》《科研工作量计分与资助管理办法》《部门年度综合考核办法》《教职工年度考核指导意见》《中层干部年度考核实施办法》等 20 余个激励考核制度，制定诊改实施方案、诊改运行制度文件，将诊改工作制度化，确保诊改工作实现全员、全过程、全覆盖，保证了诊改的有效运行。

据学校年度计划与目标任务书，拟定部门绩效考核任务书，分 3 个板块：

基础考核、年度重点工作考核及加分项考核。发展规划处与质量管理处（合署）对任务书执行过程适时监控与及时指导，明确各项工作细化落地，聚焦专业、课程、教师、学生等核心要素，确保目标链层层落实。年终对部门绩效考核任务书完成情况进行量化统计并排队定等，使各部门及人员树立责任感，荣誉感，从根本上激发了部门的内生动力，变被动接收任务为主动思考任务。经过一轮的考核、学习、激励、诊改，再进入新一轮的循环。激励考核制度如图2-21所示。

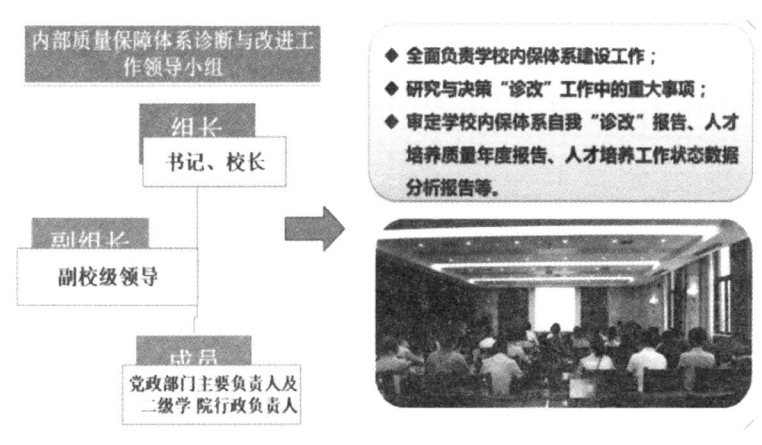

图2-20 学校机制引擎架构

（二）文化引擎

按照人的理解认知规律，逐步实施"质量文化浸润"行动，构筑"砺苦谨信，追求卓越"的现代质量文化体系。引导全校师生认识质量的重要性，增强人人都是质量生成者的主体意识，自觉执行质量建设标准，为全校内部质量保证体系的建设营造良好氛围。文化引擎架构如图2-22所示。

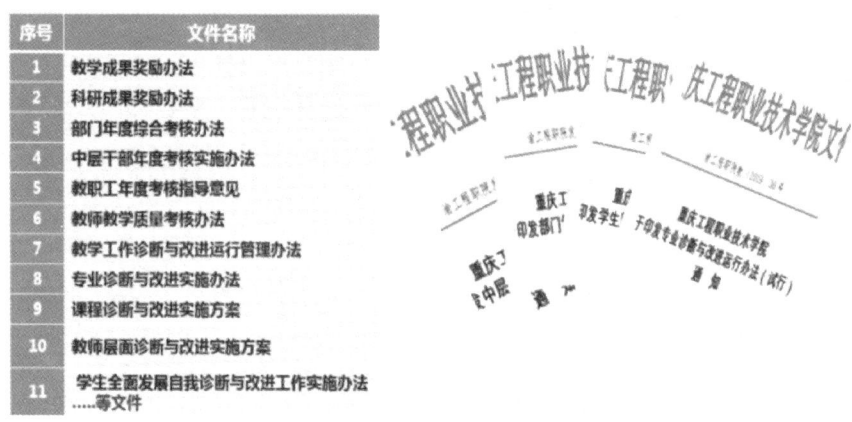

图 2-21　激励考核制度

图 2-22　文化引擎架构

2018 年，开展了"质量大家谈"活动，校长、中干、教师、学生全方位参与，以此培育良好的教风与学风，营造浓郁的质量氛围。

2019 年，开展"四说诊改"活动——说规划、说专业、说课程、说职能部门，通过分享两链打造、"8 字质量改进螺旋"培育、诊改实施中的做法和经验，促进诊改工作的顺利推进。

2020 年，实施"每月有约，质量浸润"行动，即每月举行 1 个质量文化活动：4 月"网课有约"，5 月"学生有约"，6 月"诊改有约"，9 月"教材有约"，10 月"专业有约"，11 月"课程有约"，开展质量工程的各项竞赛活动，形成工作成果，树立工作典范，促进"追求卓越"的质量文化养成。该活动将作为每年举办的长期行动，让"砺苦谨信，追求卓越"的质量文化扎根学校。如图2-23所示。

图2-23 "每月有约，质量浸润"行动

五、诊改成效

通过两轮的体系建设和运行实施，学校各层面建立了环环相扣的目标链和标准链，夯实了各层级的质量主体责任；建立了诊改运行制度，完善了学校激励考核机制，推动各项工作质量改进螺旋的完善和持续运行，重点工作不断取得突破：

学校层面，完善了办学的基本条件，打造了文化特色，形成了育人品牌。获得国家级教学成果二等奖2项，以第三主持单位建成了工程测量技术专业国家级教学资源库且应用效果好，入选中国煤炭教育协会牵头教育部遴选确定的首批国家现代学徒制改革试点单位且已通过验收。获得全国高职院校"服务贡献50强""育人成效50强""国际影响力50强"，以及全国黄炎培职业教育奖优秀学校等荣誉称号。2018年，学校入选"中国—东盟双百职校强强合作旗舰计划"首批20个特色鲜明、示范引领项目，2019年被评为教育部"人文交流经世项目"首批"经世国际学院"，2020年成为教育部全国鲁班工坊建设联盟理事长单位，连续四年获得重庆市人民政府外国留学生市长奖学金丝路项目资助。依托信息化成果，截至2020年，学校获评教育部教育信息化100个优秀案例、重庆市现代教育技术应用技术推广中心、重庆市首批智慧校园建设示范学校、重庆市教育信息化试点单位（优秀等级）、重庆市智慧校园试点单位。在广州日报数据和数字化研究院（GDI智库）发布"GDI高职高专排行TOP1000榜（2020）"中，我校排名第16位。

专业层面，增强了对地方产业发展的支撑力，提升了适应度。2019年，安全技术与管理、地下与隧道工程技术、工程测量技术、机电一体化技术、机械设计与制造、电气自动化技术、物联网应用技术、计算机应用技术、移动通信技术、物流管理10个专业建成重庆市骨干专业；机电一体化技术、移动通信技术、物联网应用技术、工程测量技术、安全技术与管理、智能控制技术6个专业建成国家骨干专业；机电一体化技术专业群入选中国特色高水平专业群建设计划；园林工程技术实训基地、重庆茂田工程职院生产车间2个实训基地建成国家级生产性实训基地。

课程层面，教学方式改革、课程资源开发成效显著。2018—2020年，建成重庆市精品在线开放课15门，建成"安全技术与管理、水文与工程地质、工程造价、建筑智能化工程技术"4个重庆市级专业教学资源库；2019年，"安全技术与管理资源库"立项为国家级专业教学资源库建设项目。在建构工作过程系统化课程体系的同时，积极推进"三新"教材建设，一是新形态，开发工作手册式、活页型教材；二是新芯教材，教材内容对接工作过程和实际工作任务；三是新源教材，源于校企合作开发，入选"十三五"

职业教育国家规划教材 3 部。

教师层面，在加强教师的专业理念与师德、专业知识和专业能力发展方面有长足进展，促进教师职业发展成长的机制基本形成，教师发展有方向、有活力，教育教学和科研服务方面标志性成果不断出现。教师获全国职业院校教学能力比赛（原全国职业院校信息化教学大赛）奖项 2 项。教育科研能力显著增强，2018—2020 年，教师承担国家级"面向智能制造的工业互联网 APP 实践教学创新研究"等课题 2 项，市级重大课题"成渝地区双城经济圈建设背景下重庆职业教育发展战略研究"等纵向科研项目立项 159 项、横向技术服务项目 63 项，出版著作 57 项，发表核心及以上论文 316 篇，取得发明专利 92 项。教师层面诊改后数据增量如图 2-24 所示。

序号	名称	增加数量
1	教职工人数	205人
2	专任教师数	240人
3	兼职教师	282人
4	高级职称教师比例	2.7%

类别	赛项名称	特等奖	一等奖	二等奖	三等奖	合计
教学成果奖	国家级	0	2	2	0	4
	省部级	2	17	19	0	38
教师个人奖	国家级	0	0	4	4	8
	省部级	0	7	9	17	33
	荣誉称号（国家级）	-	-	-	-	16
	荣誉称号（省部级）	-	-	-	-	35

序号	名称	增加数量
新增	国家职业教育教师教学创新团队	1个
	重庆英才·名家名师（教育领域）	1人
	重庆英才·创新创业团队	1个
	中西部高等学校青年骨干教师国内访问学者	3人
	重庆市创新争优奖先进个人	1人
	煤炭行业技能大师	7人
	全国煤炭教学名师	2人
	重庆市名师	1人
	巴渝学者	2人
	重庆市级骨干教师	4人
	西部之光访问学者	2人
	全国技术能手	1人
	市（省部）级技能大师	6人
	重庆市教书育人楷模、最美教师	4人

图 2-24 教师层面诊改后数据增量

学生层面，学校委托第三方对2019届毕业生进行了调查和评估，发布了重庆工程职业技术学院《社会需求与人才培养质量综合报告》，与全国高职院校平均水平相比：毕业生就业率高出3个百分点，工作与专业相关度高出7个百分点，校友推荐度高出7个百分点，对母校的满意度高出1个百分点。2019年，学生获全国职业院校技能大赛奖项61项（全国排名第8位），其中5个赛项获得国赛一等奖；获中国"互联网+"大学生创新创业大赛奖项1项；"挑战杯——彩虹人生"全国职业学校创新创效创业大赛奖项3项；第三届中华职业教育创新创业大赛全国三等奖1项；获全国大中专志愿者暑期"三下乡"社会实践活动优秀团队1项。学生层面诊改后获奖数见表2-5。

表2-5 学生层面诊改后获奖数

类别	赛项名称	一等奖	二等奖	三等奖	合计
学生技能竞赛	国赛	12	20	14	46
	市赛	31	59	45	135
	行业赛	132	146	168	445
学生"互联网+"创新创业竞赛	国家级	2	5	2	9
	市级	4	8	8	20
学生素质竞赛	重庆市学生素质竞赛	18	19	27	64
	全国学生定向锦标赛	3	2	7	12
	"中华魂"主题教育读书活动	1	1	6	8
	学生绘画书法摄影设计艺术	2	1	5	8
	全国大学生拳击邀请赛	6	2	0	8
	高教社杯全国大学生数学建模竞赛	2	4	0	6

重庆工贸职业技术学院学校层面诊改案例

以诊改为契机　助推学院高质量发展

重庆工贸职业技术学院是重庆市人民政府举办的全日制普通高等职业学校，自1936年建校以来，为国家培养了9万多名技术人才和管理人才。学院位于重庆市中部，长江和乌江的交汇处，著名的榨菜之乡——涪陵，占地面积420亩，校舍面积16.4万平方米，固定资产4.85亿元，馆藏图书60.63万册，教学设备总值8329万元，教学用计算机2120台，校内实训室151个。有教职工364人，其中专任教师306人。教师中有硕士及以上学位94人、教授13人、副教授109人、"双师"素质教师185人、重庆市高校中青年骨干教师5人、全国行业职业教育教学指导委员会委员4人、全国技术产品文件标准化技术委员会委员1人。现有在校学生13173人，其中弹性学制（扩招）4567人，学生报到率80%以上，毕业生就业率95%以上。

学院设有财经学院、机电工程系、生物化学工程系、建筑工程系、汽车与电子工程系、艺术与文化传播系、曙光学院、继续教育部、国际教学部等9个教学系院部，开办药品生产技术、机电一体化技术、建筑工程技术、汽车检测与维修技术、会计、学前教育等40个专业，有中央财政支持的实训基地 4 个、中央财政支持高等职业学校提升专业服务产业发展能力项目 2 个、国家级骨干专业 2 个，另有重庆市骨干专业 5 个、重庆市高等职业院校应用技术推广中心 1 个、市级教学资源库 1 个，还有市级精品在线开放课程 3 门、市级教学团队 1 个。

学院是重庆市示范性高等职业院校、重庆市优质高职院校立项建设单位、重庆市文明单位、重庆市文明校园、重庆市依法治校示范校、重庆市平安校园、重庆市语言文字规范化示范校、重庆市园林式单位、重庆市职业教育先进集体。

2018 年 11 月 6 日，重庆市教委批复同意学院开展内部质量保证体系诊断与改进工作试点。学院按照市教委要求，结合自身实际，不断完善和细化方案，有效、扎实、全面地推进内部质量保证体系诊断与改进工作，推动学院各项工作全面提升。

一、提高认识

学院党政部门高度重视诊改工作，组织全院职工学习诊改文件，提高全员质量意识。从 2018 年 12 月启动诊改以来，邀请杨应崧、袁洪志、李高建等专家到校开展全员诊改培训，学院领导、各层面负责人、二级系院部负责人和教师均外出参加诊改培训学习，教职工对诊改工作的认识不断提高，有效地推动了诊改工作的实施。

二、明确目标

建立学院自主诊改的工作机制，以目标链和标准链建设为基础，以信息平台建设为支撑，构建网络化、全覆盖、具有较强预警功能和激励作用的内部质量保证体系，逐步达到"指标有分析，过程有预警，画像有对比，诊改有报告"的要求，推动教学管理水平和人才培养质量持续提升。

三、构建体系

（一）建立健全机构

学院建立党委领导、行政指挥的诊改工作委员会，全面负责学院诊改工作决策、制度建立、工作督促和协调工作。诊改工作委员会由党委书记、院长任主任，相关院领导任副主任，各系院部处室负责人为成员。诊改工作委员会下设诊改办公室在教务处，负责诊改日常工作。

（二）建立目标链

（1）以学院《"十三五"事业发展规划》为依据，对应"重庆市优质高职院校"的奋斗目标，基于SWOT分析编制学院规划，形成完整的目标链。

（2）各教学系院部依据学院《"十三五"事业发展规划》及相关行动计划的发展目标，结合本系院部发展实际，制定系院部发展规划和各专业（课程）发展规划。

（3）各职能部门依据学院《"十三五"事业发展规划》及相关行动计划的发展目标，围绕保障专业建设、课程建设、师资队伍建设和学生全面发展等目标的实现，充分调研管理服务对象的需求，制定本部门的工作计划。

（4）教职员工依据学院和所在部门的发展目标，根据个人自身条件和工作基础，制定职业发展规划，明确个人发展目标。

（5）学生根据学院和所在专业的发展目标，根据个人实际情况，制定个人学业发展规划，明确个人发展目标。

（三）建立标准链

（1）建立学院层面质量标准体系。在厘清各部门工作职责，建立岗位工作标准的基础上，按照决策指挥、质量生成、资源建设、支持服务、监督控制纵向 5 个系统功能，建立和完善各系统中的职责和工作标准。

（2）建立和完善专业和课程质量标准。基于办学定位中明确的培养高素质技术技能人才的专业质量目标，制定相应的专业建设标准、专业教学标准、专业动态调整标准、课程标准、资源建设标准等。

（3）建立教师发展质量标准。以学院一流师资队伍建设行动计划为依据，建立学院教学名师标准、专兼职教师聘用标准、"双师"型教师认定标准、专业带头人标准、骨干教师标准等。

（4）建立学生发展标准。以立德树人为根本任务，综合考虑学生学习生涯、职业生涯、个人发展等要素，按照学习目标、职业目标、素质目标、个人发展目标方面制定和完善学生发展标准。

（四）营造质量文化氛围

树立全员、全过程、全方位育人的质量观，营造"人人关心质量、时时重视质量、处处体现质量"的质量文化氛围。

（五）建设信息平台

加大投入，建成网络全覆盖、融智慧教学、智慧管理、智慧服务于一体的、对内部质量保证体系诊断与改进形成有力支撑的信息平台。

四、诊改运行

（一）学院层面

建立健全"院系二级管理"机制，将诊改工作融入职能部门、系院部的绩效目标考核。建立各层面、各部门的"8字质量改进螺旋"，将学院年度工作任务落实、各类项目建设成效作为部门绩效考核性诊断的重要依据，通过诊改工作的有效开展，保证学院总体目标的实现。

（二）专业层面

建立专业设置随产业发展动态调整机制，将原来的 46 个专业调整为 40 个。以优质高职院校建设为契机，重点打造药品食品、智能制造、汽车电子、财经商贸 4 个专业群，逐步形成国家、市、校三级骨干专业建设梯队，引领全校专业建设水平的整体提升。

（三）课程层面

依据课程建设方案，落实每门课程年度建设目标、任务，充分运用校内教学云平台，及时了解课程教学过程中的问题与不足，在教学过程中即时对问题进行改进，使教学评价促进教学改进的作用真正得以落实。

（四）教师层面

推动专业带头人、骨干教师、双师型教师、兼职教师培养办法实施，鼓励教师到企业进行实践锻炼。实施团队建设计划，不断加强高层次创新团队建设。

（五）学生层面

学院不断完善优化学生综合素质评价体系，把学习成绩、文艺体育、学生志愿服务、创新创业、劳动教育等纳入评价指标体系，促进学生全面发展，培养专业有特长、就业有优势、创业有能力、提高有基础、发展有空间的"五有"人才。

五、持续改进

（一）诊改成效

1. 学院层面

优质高职院校建设顺利通过年度验收，学院获得"重庆市文明校园"

称号，取得学生职业技能大赛国家级奖牌 13 块、市级奖牌 234 块；立项市级教改 18 项，结题 8 项；获得市级精品在线开放课程 3 门；立项市级大学生创新创业训练计划 13 项，结题 11 项，3 人获市级优秀辅导员等表彰；教师发表核心期刊论文 45 篇，获国家专利授权 81 件；15 名教师参加国外访问交流或研修，15 名学生海外游学，接待海外来访师生 23 人；缅甸留学生 36 名；向柬埔寨输出机电一体化技术专业人才培养方案；举办区域性的国际学术会议和技能大赛，进一步扩大了学院的国际影响力。特别是扎实贯彻落实国家扩招 100 万的重大战略，扩招报到学生 4567 人，在校学生规模突破 1 万人。

2. 专业层面

专业与产业对接率达到 90% 以上，40 个专业完成学校和专业层面的规划目标，建成国家级骨干专业 2 个、重庆市骨干专业 5 个、院级骨干专业 8 个、重庆市级专业教学资源库 1 个。

3. 课程层面

建成市级精品在线开放课程 3 门，院级在线开放课程 29 门，获市级教学能力竞赛三等奖 5 个，市级微课竞赛二等奖 2 个、三等奖 2 个。课程负责人依托云教学平台、云班课等平台，对课程教学实时监测、预警、诊断与改进工作，极大地提高了教学质量。

4. 教师层面

我院新增教授 7 人，新增教师 67 人，新增硕士及以上学历学位 52 人，新增博士 1 人，新增重庆市中青年骨干教师 3 人，新增"双师"素质教师 50 人、"双千双师"教师 7 人。

5. 学生层面

申报的"育心灵之根，树栋梁之才"获重庆高校思想政治教育"十大育人"精品项目立项,院团委在2018年度重庆共青团工作目标考核中获"特等",2019年暑期"三下乡"社会实践活动受到团市委表彰,主研重庆市社科课题1项。成立辅导员名师工作室——戴晓伟工作室;辅导员累计发表学生管理研究论文70篇;辅导员获市级奖项3项、院级奖项18项;学生获国家级竞赛奖项7项、市级60项。

6. 平台建设

学校投入2000万元开展信息化平台建设和业务系统建设,统一数据标准,消除了信息孤岛,建成了智慧校园基础平台和大数据平台,对诊改工作起到较好的支撑作用。

7. 质量文化

开展"工融贸通,知行合一"校园文化建设,树立全员育人质量观,营造"人人关心质量、时时重视质量、处处体现质量"的质量文化氛围。

(二)存在问题和改进措施

我院诊改工作虽取得了一些成效,但有以下几个方面需要在"十四五"期间继续诊改。一是需要继续完善目标链和标准链,不断提高目标和标准的科学性、先进性和可测性;二是需要不断完善专业和课程标准链,确保"8字质量改进螺旋"上升;三是需要将学院规划目标层层分解落实到教师和学生,提出保证措施,确保目标任务的完成;四是应继续加大信息化投入,加快建设进度,实现学院治理能力的大数据分析与决策支撑;五是强化"人人关心质量、时时重视质量、处处体现质量"质量文化建设,与"工融贸通,知行合一"校园文化建设相融合。